cLv

CHRISTOPH
HOCHMUTH

Senkrechtstart

KURS AUF GOTT

dⳑv

Christliche
Literatur-Verbreitung e. V.
Postfach 11 01 35 · 33661 Bielefeld

Bibelzitate sind entnommen aus der »Neuen evangelisti-schen Übersetzung« von Karl Heinz Vanheiden, erschienen bei Christliche Verlagsgesellschaft Dillenburg.

1. Auflage 2007

© by CLV · Christliche Literatur-Verbreitung
Postfach 11 01 35 · 33661 Bielefeld
Internet: www.clv.de

Umschlag: Lucian Binder, Marienheide
Satz: CLV
Druck und Bindung: GGP Media GmbH, Pößneck

ISBN 978-3-89397-985-1

Inhalt

Vorwort

»Im Herzen eines jeden Menschen befindet sich ein Vakuum«, sagte der berühmte französische Mathematiker und Physiker Blaise Pascal. Damit drückt er aus, was viele von uns beobachtet oder selbst erlebt haben. Warum ist das so? Und wie kann diese Leere gestillt werden? Blaise Pascal bleibt eine Antwort nicht schuldig, wenn er fortfährt: »Im Herzen eines jeden Menschen befindet sich ein Vakuum, das nur Gott füllen kann.« Das ist eine Behauptung, die es zu beobachten und zu durchdenken lohnt. Dazu möchte Ihnen »Senkrechtstart – Kurs auf Gott« Anregungen geben. Im Anhang des Buches befindet sich ein Fragenteil. Dieser ist den Leserinnen und Lesern gewidmet, die nach der Lektüre des Buches weiterführende Fragen diskutieren möchten.

Danksagung

Dieses Buch ist ein Auszug aus Vorträgen, die ich in den letzten Jahren in Österreich und Deutschland gehalten habe. Mein besonderer Dank gilt dabei Maria Jäger, die meine Vorträge gekürzt und in leicht leserliche Sätze gekleidet hat.

Christoph Hochmuth

KAPITEL 1

Die Sehnsucht des Menschen

Wer kennt sie nicht: die Sehnsucht? Dieser Begriff umfasst unzählige Wünsche, Bedürfnisse, Träume und Ziele. Sehnsucht ist ein tiefes Verlangen nach jemandem oder etwas, das wir lieben und begehren. Sehnsucht ist der unbedingte Wunsch nach Erfüllung unserer Bedürfnisse und Träume. Sehnsucht strebt nach Erfüllung und Glückseligkeit. Diese Glückseligkeit liegt nicht im Menschen, sondern außerhalb seiner selbst. Deshalb sucht er danach. Wie kann ein Mensch seine Sehnsüchte stillen und ein erfülltes Leben erlangen?

Lösungsversuch

Ein Ansatz zur Stillung unserer Sehnsucht ist der Erwerb materieller Güter. Dieser Lösungsversuch ist vor allem in den reicheren Ländern unserer Welt anzutreffen. Er wird von der Werbewirtschaft aufgegriffen und gewinnbringend eingesetzt. Werbung erkennt vorhandene und erzeugt neue Sehnsüchte. Sie weckt das Verlangen nach Produkten, die diese scheinbar stillen. Ein Automobilhersteller beispielsweise verkauft nicht nur einen fahrbaren Untersatz, der Mobilität ermöglicht, sondern koppelt den Besitz eines Autos auch an Werte wie Kraft, Sicherheit, Ästhetik und Prestige. Der Hersteller knüpft somit an tiefer liegenden menschlichen Bedürfnissen verkaufsstrategisch an. Diese gängige Praxis nennt die Werbebranche »psychologischer Nutzen« – Sehnsüchte werden scheinbar gestillt.

Wäre es so, dass materielle Güter oder Dinge unsere Sehnsucht stillen könnten, dann müsste es in unserer westlichen Welt sehr viele Menschen geben, die ein erfülltes Leben haben, denn es steht uns eine nahezu unendliche Bandbreite von Produkten zur Verfügung. Die Palette reicht von Designerkleidung über schöne Immobilien, Digitalkameras, Wellness-Produkte bis hin zu Fernreisen und Selbstfindungskursen. Wir haben alles, und findige Köpfe kreieren laufend neue Güter, die unser Leben reicher, bunter und schöner machen sollen. Halten die Dinge tatsächlich, was sie versprechen? Machen sie unser Leben auch erfüllter? Geht es uns tatsächlich gut, wenn es uns im materiellen Sinn gut geht?

Die Weltgesundheitsorganisation schätzt, dass Depressionen, die derzeit an vierter Stelle aller Krankheiten stehen, in 20 Jahren bereits an die zweite Stelle gerückt sein werden. Trotz materiellem Reichtum sind wir scheinbar dem Glück nicht näher gekommen. Das eigentlich Ersehnte ist anscheinend nicht dabei. Wir können uns ein Bett kaufen, aber keinen Schlaf. Wir können uns Bücher kaufen, aber kein Wissen. Wir können uns Lebensmittel kaufen, aber keinen Appetit. Wir können uns Medikamente kaufen, aber keine Gesundheit. Jean-Paul Sartre (1905–1980; franz. Philosoph, Schriftsteller) sagte einmal: »Der sensible Mensch leidet nicht aus diesem oder jenem Grunde, sondern ganz allein, weil nichts auf dieser Welt seine Sehnsucht stillen kann.« Endstation Sehnsucht? Betrachtet man den deutlichen Widerspruch zwischen großem Reichtum und ungestillter Sehnsucht, sieht man, dass unser eigentliches Verlangen durch materielle Dinge nicht gestillt werden kann.

Alles, was wir wollen

Um der Sehnsucht weiter auf den Grund zu gehen, sollten wir uns folgende Frage stellen: Was wollen wir eigentlich in unserem Leben erreichen? Was ist unser tiefster Wunsch? Ein Haus bauen? Eine glückliche Partnerschaft? Menschen, die uns lieben? Erfolg und Anerkennung? Familie?

Diese Liste enthält mit großer Wahrscheinlichkeit Sehnsüchte, die viele hegen. All das wünschen wir uns. Interessant ist jedoch die Frage: Wozu wünschen wir uns das? Worauf wollen wir hinaus? Was ist der gemeinsame Nenner unserer Sehnsüchte? Was suchen wir in alldem? So manches Lebensbeispiel zeigt uns, dass selbst dann, wenn einzelne Ziele in Erfüllung gehen, die Sehnsucht nach dem Eigentlichen nicht gestillt ist. Menschen bleiben trotz Erfolg im Beruf, trotz glücklicher Familie, trotz erreichter Anerkennung unerfüllt. Eine von Melancholie begleitete Rest-Sehnsucht, die wir nicht stillen können, bleibt vorhanden.

Warum ist das so? Wozu wünschen wir uns Dinge, wenn sie die Sehnsucht nicht dauerhaft stillen können? Ist es möglich, dass der dahinter liegende Hunger ein Hunger nach dem Leben selbst ist? Wir sehnen uns nach dem Leben selbst. Denn unser Dasein ist nicht das Leben selbst. Vom Tag unserer Geburt an tragen wir den Keim des Todes in uns. Wir sind vergänglich, wir können nichts festhalten. Weder Schönheit, Gesundheit, Reichtum noch Besitz oder Menschen. In diesem Zustand des Schwindens bleibt die Sehnsucht nach dem Leben.

Diese eigentliche, tiefste Sehnsucht richtet sich auf das Ewige und Unvergängliche. Sie richtet sich auf unseren Ursprung, auf Gott. Wir tragen eine Ahnung von unserem Schöpfer in unserem Herzen. Diese Sehnsucht können wir mit Dingen, Erlebnissen oder uns kostbaren Menschen nicht dauerhaft verdrängen. In manchen Momenten des Lebens überwältigt sie uns. Blaise Pascal, der berühmte Mathematiker und Physiker, bezeichnete diese Sehnsucht als ein Vakuum, das nur Gott ausfüllen kann, ein Vakuum, das uns Gott ins Herz gelegt hat, das uns zu ihm ziehen soll. Gott ist die Weite, auf die hin wir angelegt sind, und alles andere ist uns zu eng. Er ist die Schönheit, nach der wir uns sehnen, er ist die Glücksfülle, die Wahrheit, der Ewige. Augustinus schrieb einst:

»Auf dich hin hast du uns geschaffen, und unruhig ist unser Herz, bis es Ruhe findet in dir« (Augustinus, »CONFESSIONES«, Erstes Buch).

Wir finden in Dingen keine vollkommene Erfüllung, weil wir nicht auf die Dinge hin geschaffen sind, sondern auf den Schöpfer aller Dinge. Gott ist der Schlüssel zu wahrer Zufriedenheit, der Schlüssel zu ewigem Leben. In ihm erfüllt sich unsere Sehnsucht nach Wert und Sinn im Leben.

In diesem Zusammenhang ist die Frage nach unserem Wert von großer Bedeutung. Was sind wir wert, und wodurch erhalten wir Wert?

In der Marktwirtschaft berechnet sich der Wert eines Menschen nach der Arbeitsleistung, die der Mensch erbringt, und nach seinem Besitz. Zusätzlicher Wert ergibt sich innerhalb der Gesellschaft durch das Erlebte. Ein Urlaub auf den Malediven, ein ausgefallenes Hobby, ein Auslandsaufenthalt lassen einen Menschen interessant und wertvoll erscheinen. Sie heben ihn von anderen ab, machen ihn exklusiv. Diese Wertkomponenten haben allerdings eine Kehrseite. Wenn wir durch Leistung, Besitz und Erlebtes definiert werden, dann verfällt menschlicher Wert. Alte Menschen, Kranke, Sterbende, Behinderte, Arbeitslose oder Arme haben nach dieser Rechnung keinen Wert mehr. Sie tragen nichts zur Leistungsgesellschaft bei, erleben nichts, was wir als interessant erachten, und verfügen oft nicht einmal über (vererbbaren) Besitz. Die Folge: Jeder Einzelne steuert naturgemäß auf den totalen Wertverlust zu. Wenn Wertschätzung auf Basis oben genannter Kriterien erfolgt, dann verkommt das Leben zu einer banalen Kosten-Nutzen-Rechnung. Ohne einen größeren Sinnzusammenhang, ohne Gott, verfällt unser Wert.

Somit müssen wir bei der Suche nach einem erfüllten Leben zunächst die Frage nach dessen Sinn stellen. Was gibt unserem Leben Sinn? Mit »Sinn des Lebens« ist das gemeint, was unsere Existenz in einen größeren Sinnzusammenhang stellt, in einen, der über das alltägliche Leben hinausweist. Sonst wäre die Sinnfrage absurd und könnte höchstens begrenzt auf eine Lebensspanne individuell entschieden werden. Zum Beispiel: Der Sinn meines Lebens ist, dass ich etwas lerne. Wozu lerne ich? Damit ich einen Arbeitsplatz bekomme! Wozu arbeite ich? Um leben zu können und meinen Kindern eine Ausbildung zu ermöglichen. Wozu sollen meine Kinder lernen? Damit sie später eine Arbeit finden. Der Sinn des Lebens gleicht hier einem Hamsterrad, das unermüdlich bewegt wird, um den immer gleichen Kreislauf in Gang zu erhalten.

Ist das sinnstiftend? Viele Menschen sehen daher keinen besonderen Sinn in ihrem Leben. In guten Zeiten ist das Leben so bereichernd, dass wir dadurch Sinn erfahren. Ist das aber von Bestand? Was ist der Sinn von Liebe, Freundschaft und Erfolg, wenn sie vergehen? Sehnen wir uns nicht nach einem größeren Sinnzusammenhang?

In unserem Sehnen nach Wert und Sinn spannt sich der Bogen zu Gott. Gott verleiht unserem Leben beides. Er gibt Erfüllung. In der Bibel wird der Mensch als einzigartiges Geschöpf Gottes vorgestellt. Gott hat uns Menschen gewollt und zu seinem Gegenüber bestimmt. Dazu gab er uns intellektuelle, ästhetische, kreative und moralische Fähigkeiten. In Gottes Augen

hat jeder Einzelne einen immensen Wert, weil er von ihm, dem Schöpfer, ausgeht. Ein Kind hat für den liebenden Vater einen unermesslichen Wert. Dieser Wert ist von der Art und Weise, wie das Kind von der Außenwelt wahrgenommen wird, unabhängig. Objektiv betrachtet wäre ein anderes Kind intelligenter, geschickter oder attraktiver. Das ist für die Liebe des Vaters jedoch unwesentlich. Nicht die Leistung zählt, sondern die Tatsache, dass es sein Kind ist. Wir sind unsagbar wertvoll, nicht weil wir etwas leisten, sondern weil wir von dem kommen, bei dem alles anfängt und zu dem alles hingeht.

Gott hat uns in seinen Sinnzusammenhang gestellt. Er ist Ursprung und Ziel des Lebens und hat einen Plan für uns. Er hat uns auf ein Ziel hin geschaffen. Die Bibel sagt dazu: Wir sind dazu geschaffen, um in aller Ewigkeit Gemeinschaft mit Gott zu haben. Er ist das Ziel, auf das hin wir gedacht sind. Gott hat uns für sich geschaffen. Wer an Gott glaubt, der weiß sich ganz persönlich von ihm geliebt. Er merkt, dass Gott einen Platz für ihn hat. Das Vakuum in seinem Herzen ist schon jetzt gefüllt, er hat bereits in diesem Leben eine Verbindung zu Gott. Doch vielleicht wird jemand fragen:

»Schön und gut, was ist aber mit mir, wenn ich Gott fernstehe?«

Zurückfinden zu Gott

Sehr viele Menschen sehnen sich nach Sinn und Wert und klammern Gott trotzdem aus. Das hängt damit zusammen, dass Gott in unserem materialistischen Weltbild keinen Platz hat, weil es nur das anerkennt, was die Wissenschaft beweisen kann. Es ist in unserer Zeit schwierig, an Gott zu glauben. Viele Menschen leben daher so, als ob es Gott nicht gäbe. Das ist das Dilemma des Menschen: Einerseits ist er auf Gott hin geschaffen, andererseits klammert er ihn aus seinem Leben aus. Das Evangelium spricht nun genau in diese Situation hinein. Es erklärt uns nämlich, dass Gott eine Brücke zu uns geschaffen hat, indem er sich uns in Jesus als Gott und Mensch zugleich zeigt. Das Leben Jesu zeigt dem prüfenden und denkenden Menschen, wie und wer Gott ist. Jesus ermöglicht es uns, eine Beziehung zu Gott haben. Dies geschieht nicht automatisch. Es ist notwendig, das Herz für Gott zu öffnen, zu erkennen, dass man ihn braucht, auf ihn angewiesen ist und dass es notwendig ist, umzukehren. Der Begriff »Umkehr« bedeutet, dass man seinem Leben eine neue Richtung gibt. Das Ziel ist dann nicht mehr der eigene Stolz, der eigene Vorteil, die kurzfristige Befriedigung der einzelnen Sehnsüchte, sondern das Ziel ist Gott. Umkehr ist ein Prozess, der nicht von heute auf morgen erfolgen muss, der jedoch heute beschlossen werden kann. Jesus, der Einzige, der Gott je gesehen hat, erzählt die Geschichte vom verlorenen Sohn. Dieses Gleichnis enthält eine Botschaft für uns alle und erzählt Folgendes (Originaltext siehe Lukas 15,11-24):

Einst lebte ein wohlhabender Vater mit seinen zwei Söhnen. Er gab ihnen alles, was sie benötigten, doch einer der Söhne war eigensüchtig und undankbar. Er forderte entgegen aller Tradition noch zu Lebzeiten seines Vaters seinen Erbteil von diesem. Dies kam in jener Zeit, in der die Familienbande als heilig erachtet wurden, einer schrecklichen und unverzeihlichen Schandtat gleich. Der junge Mann ließ seinen Vater und Bruder im Stich und zog in die Welt, um das Erbe in einem ausschweifenden und verschwenderischen Lebensstil zu verprassen. Zunächst schien es, als ob sein Traum von einem freien und unabhängigen Leben ihm die Freude und Fülle, die ihm so wichtig waren, bieten

könnte. Schon bald war jedoch von dem Geld nichts mehr übrig, und der soziale Abstieg begann. Der einst wohlbehütete und umsorgte Sohn fand sich schließlich in der Position eines Schweinehirten wieder. Er erhielt für seine Arbeit nicht einmal die Kost, die den Schweinen im Futtertrog zugedacht war. Schweine waren zu jener Zeit verachtete Tiere. Seines Reichtums und seiner Menschenwürde beraubt, erkannte er seinen Fehler. Er, der einst rauschende Feste gefeiert hatte, war nun einsam, verarmt und verwahrlost. Erst, als er so tief gesunken war, erkannte er, wie gut er es bei seinem Vater gehabt hatte. Da er wusste, dass der Vater seine Arbeiter besser behandelte als sein jetziger Herr, beschloss er zurückzukehren. Er wollte um Vergebung und um einen Arbeitsplatz als Tagelöhner bitten. Wahrscheinlich kehrte er mit großer Angst zu dem zurück, den er beleidigt, bloßgestellt und verlassen hatte. Er glaubte, jedes Anrecht auf die Liebe und Fürsorge des Vaters verloren zu haben. Sein Fehlverhalten stand so klar vor ihm, wie es nur ein Mensch am Rand des Abgrunds erfassen kann. Als er sich dem Haus des Vaters näherte, sah ihn dieser von weitem. Trotz seiner Verwahrlosung erkannte er ihn – er hatte Ausschau nach ihm gehalten. Er war voller Mitleid, lief ihm entgegen und umarmte seinen Sohn ungeachtet des Zustands, in dem er sich befand. Es gab keinen Vorwurf, keine Verbitterung, nur Freude darüber, dass der verlorene Sohn zurückgekehrt war. So veranstaltete der Vater für seinen Sohn ein großes Fest:

»Vater«, sagte der Sohn, »ich habe mich gegen den Himmel versündigt und auch gegen dich; ich bin es nicht mehr wert, dein Sohn genannt zu werden.« Doch der Vater befahl seinen Sklaven: »Bringt schnell das beste Gewand heraus und zieht es ihm an! Steckt ihm einen Ring an den Fin-

ger und bringt ihm ein Paar Sandalen! Holt das Mastkalb und schlachtet es! Wir wollen ein Fest feiern und uns freuen. Denn mein Sohn hier war tot und ist ins Leben zurückgekehrt. Er war verloren und ist wieder gefunden worden.« Dann begannen sie zu feiern.

Jesus erzählt diese Geschichte nicht ohne Grund. Er drückt damit aus, dass wir alle, wenn wir Gott in unserem Leben ausklammern, für Gott verloren sind. Der Vater symbolisiert Gott. Der Sohn in diesem Gleichnis war auf der Suche nach Erfüllung und Glück. Aus seiner Sicht konnte er diese Erfüllung nicht beim Vater, sondern nur fern von ihm erlangen. Der Vater ließ ihn gehen, ließ ihm seinen freien Willen. Somit begab sich der Sohn auf eine rauschende Berg- und Talfahrt, die schließlich im Schmutz endete.

Viele Menschen haben dieselbe Haltung Gott gegenüber wie dieser jüngere Sohn zu seinem Vater. Ein Leben mit Gott gleicht in ihren Augen einem unattraktiven Regelwerk, das das Ausleben der eigenen Bedürfnisse verhindert. Gott wird als jemand wahrgenommen, der Vergnügen missgönnt und Freiheit einschränkt, als Spaßverderber. Diese Fehleinschätzung bringt den Wunsch mit sich, losgelöst von Gott zu leben.

Der Vater jedoch hat seinen Sohn nie vergessen, sondern auf ihn gewartet und auf seine Rückkehr gehofft. Das ist erstaunlich, weil die Gesellschaft zur Zeit Jesu einen Menschen wie diesen Sohn ausnahmslos verstoßen hätte. Anstatt jedoch seinen Sohn zu verstoßen, läuft er ihm entgegen – ein Verhalten, das bei angesehenen Männern in der antiken Welt verpönt war. In der antiken Welt ist kein bedeutender Mann jemals gelaufen, aus welchem Grund auch immer. Laufen wurde als würdelos betrachtet. Die Tatsache, dass der Vater dem Sohn entgegenläuft, ist daher ein höchst erstaun-

liches Verhalten. Jesus drückt damit aus, dass der Vater sich demütigte. Er wartet nicht in großer Würde und Unnahbarkeit im Haus auf den reumütigen Sohn, sondern läuft ihm entgegen. Nach damaligem Verständnis demütigte er sich selbst, um den Unwürdigen aufzunehmen und ihm Geborgenheit und Erfüllung zu schenken.

Der Apostel Paulus schreibt: »*Gott will, dass alle Menschen gerettet werden und die Wahrheit erkennen.*« Er will nicht, dass ein Einziger verloren geht. Gott wartet wie der Vater im Gleichnis auf jeden Menschen, dass er zu ihm zurückkehrt. Gott hat so viel zu bieten: Er füllt das Vakuum in unserem Herzen, er ist die einzige Quelle der dauerhaften Erfüllung, nach der unser Herz sich sehnt. Der Schritt zu Gott ist der entscheidendste und wichtigste in unserem Leben. Es ist kein leichter Schritt, denn er erfordert, dass wir ähnlich wie der verlorene Sohn ehrlich mit uns ins Gericht gehen und bittend zu Gott kommen; er erfordert, dass wir unserem Leben ein neues Ziel geben: nämlich Gott selbst. Er erfordert die Überwindung unseres Stolzes. Falls wir es aber tun, verspricht Jesus: »*Ich sage euch, es wird mehr Freude sein im Himmel über einen Sünder, der Buße tut, als über neunundneunzig Gerechte, die der Buße nicht bedürfen*« (Lukas 15,7).

KAPITEL 2

Worte von Gott

Gebrauchsanweisungen sind ein wichtiger Bestandteil unseres Alltags. Sie geben Aufschluss über die Funktionen, Risiken und Nebenwirkungen eines Produkts und beinhalten Warnhinweise und Anleitungen zur Bedienung des jeweiligen Gegenstands. Gebrauchsanweisungen oder Bedienungsanleitungen sind somit Anhaltspunkt, Orientierungshilfe und Leitfaden zugleich.

Gibt es eine Gebrauchsanweisung fürs Leben?

Viele Menschen versuchen in unterschiedlichen Bereichen Orientierungshilfen zu geben, doch die wahre Gebrauchsanweisung des Lebens kann nur vom Schöpfer allen Lebens, von Gott selbst kommen.

Hat Gott uns Orientierungshilfen und einen Leitfaden fürs Leben gegeben? Ja! Gott spricht in unsere Welt hinein. Seine Worte sind in heiligen Schriften festgehalten und in der Bibel (griechisch *biblos* = Buch) zusammengefasst.

Diese Behauptung beruht auf den zwei folgenden Grundlagen: Zum einen behaupten die biblischen Verfasser, dass ihre Worte von Gott kommen. Zum anderen enthält die Bibel Hunderte Prophetien, die sich im Laufe der Geschichte erfüllt haben. Beide Argumente verdienen eine nähere Betrachtung.

Die biblischen Schreiber berichten, dass ihre Worte von Gott selbst stammen, dass Gott sich ihnen geoffenbart und damit seinen Willen den Menschen kundgetan hat. Sie haben aufgezeichnet, was Gott sagte. So schreibt Mose beispielsweise, dass die Zehn Gebote direkt von Gott kommen. Nicht Mose hat sich die Zehn Gebote ausgedacht, sondern Gott teilte sie ihm während Moses vierzigtägigen Aufenthalts auf dem Berg Sinai mit (2. Mose 34,1.27-28).

Auch der Apostel Paulus hält fest, dass alle heiligen Schriften von Gott eingegeben sind.

> *Alle Schrift ist von Gott eingegeben und nützlich zur Lehre, zur Überführung, zur Zurechtweisung, zur Unterweisung in der Gerechtigkeit ...*
>
> *(2. Timotheus 3,16)*

Paulus verwendet das Wort »Schrift« für das Alte Testament. Auch Jesus (Johannes 7,38.42) und Lukas (Apostelgeschichte 8,35) verwenden diesen Begriff. Das Kennzeichen dieser Schrift ist, dass sie von Gott eingegeben (wörtlich: »gehaucht«) ist. Dies bedeutet, dass sie von Gott ausgegangen ist und er sie durch Menschen (Propheten und Apostel) in die Welt hineingesprochen hat. Die Worte, die uns heute in der Bibel begegnen, sind Botschaften von Gott. Ihre Aufzeichnung war gottgewollt und von ihm beauftragt.

Niemals wurde eine biblische Weissagung ausgesprochen, weil der betreffende Mensch das wollte. Diese Menschen wurden vielmehr vom Geist Gottes gedrängt, das zu sagen, was Gott ihnen aufgetragen hatte (2. Petrus 1,21). Die Bücher der Bibel beruhen laut Petrus also nicht auf der Eigeninitiative der Propheten – im weiteren Sinn eine Bezeichnung für alle Bibelverfasser –, sondern sie wurden vom Geist Gottes mittels eines menschlichen Schreibers erstellt.

Die Gedanken der Bibel stammen demnach von Gott, der Menschen verwendete, um seinen Willen niederzuschreiben. Diese fungierten aber dabei nicht als eine Art unpersönliche Schreibmaschine. Jeder Text ist vom jeweils individuellen Stil und Wortschatz des Verfassers geprägt. Gott verwendete somit verschiedene Charaktere, um seine Gedanken mitzuteilen. Ähnlich wie eine Oboe und eine Flöte dem gleichen Musikstück einen unterschiedlichen Charakter verleihen, hatten auch die Bibelverfasser verschiedene Ausdrucksformen. Wichtig ist zu erkennen, dass Gott der Komponist ist, der die Melodien, sprich: seine Botschaften an uns, hervorbrachte.

Die erste Ebene, auf der Gott in unser Leben eingreift, ist also die Heilige Schrift. Das wirft Fragen auf: Wie reagieren wir auf die Worte Gottes? Lassen wir sie an uns herankommen? Ignorieren wir sie? Beschäftigen wir uns damit? Lehnen wir uns dagegen auf? Oder wollen wir unser Leben nach dem ausrichten, was Gott sagt? Um diese Fragen beantworten zu können, ist es wichtig, dass wir der Bibel zuerst auf den Grund gehen. Immerhin kann ja schließlich jeder behaupten, die Wahrheit zu haben – warum also ausgerechnet die Bibel?

Die Bedeutung der Bibel

Die Bibel wurde bis zum heutigen Tag von mehr Menschen gelesen und in mehr Sprachen übersetzt als jedes andere Buch in der Geschichte. Sie zählt zu den ersten Büchern, die überhaupt in andere Sprachen übersetzt wurden. Bereits 250 vor Christus wurde das gesamte Alte Testament in die griechische Sprache übertragen. Diese Übersetzung nennt man Septuaginta. Seither wurde die Bibel öfter übersetzt und kommentiert als jedes andere Buch der Welt. Die Anzahl der hergestellten Exemplare – seien sie handgeschrieben oder gedruckt – übertrifft jede andere Auflage. Eine Statistik aus dem Jahr 1990 verdeutlicht dies. Damals wurden weltweit 16.234.259 Bibeln, 12.205.802 Wiedergaben des Neuen Testaments, 43.316.378 einzelne Bibelbücher und 567.473.410 Bibelteile gedruckt.

Was ist die Bibel?

Die Bibel umfasst im Grunde eine Bibliothek, eine Sammlung von 66 Büchern, die von 40 verschiedenen Schreibern in einer Zeitspanne von mindestens 1500 Jahren (von ca. 1400 vor Christus bis ca. 100 nach Christus) geschrieben wurden.

Sie besteht aus dem Alten Testament mit 39 Büchern und dem Neuen Testament mit 27 Büchern. Sie umfasst Geschichtsschreibung ebenso wie Lehre und Dichtung oder Biografien, Briefe, Prophetie, Memoiren, Apokalyptik, lyrische Poesie, Gleichnisse und Allegorien, persönliche Korrespondenz und vieles mehr.

Obwohl die meisten Verfasser einander nicht kannten und aus unterschiedlichen Kulturkreisen und gesellschaftlichen Schichten stammten, bildet die Bibel eine Einheit. Das ist ein weiterer starker Hinweis auf ihren übernatürlichen Ursprung. Denn: Wie konnten diese Menschen aus so vielen Generationen und völlig unterschiedlichen Hintergründen ohne jede Absprache ein Werk schreiben, das in seiner Einheit vollkommen ist? Stellen wir uns vor, dass zehn Schriftsteller, die dieselbe Lebensweise haben, derselben Generation angehören und aus demselben Kulturkreis stammen und die darüber hinaus dieselben Auffassungen vertreten, am selben Ort wohnen und dieselbe Sprache sprechen, ein Gemeinschaftswerk über ein umstrittenes Thema ohne Absprache verfassen. Würde das Geschriebene übereinstimmen?

Wohl kaum. Die Bibel behandelt über Hunderte umstrittene Einzelthemen, über die generell sehr unterschiedliche Meinungen bestehen.

Die Einheit und Harmonie, die die Bibel kennzeichnen, ergeben sich durch ein Hauptthema. Dieses Hauptthema der Bibel ist die Beziehung zwischen Gott und dem Menschen. Letzterer wurde von Gott geschaffen und lebte in Harmonie mit seinem Schöpfer. Doch er lehnte sich gegen Gott auf und befindet sich seither in einem Zustand der Entfremdung von seinem Urheber. Seit dieser Trennung von Gott ist der Zustand des Menschen von Fehlverhalten und Schuld gekennzeichnet. Gott gibt jedoch dem Menschen in seiner Liebe eine neue Chance: Durch Jesus Christus kann er Vergebung seiner Schuld erlangen und mit Gott versöhnt werden. Gott lädt uns ein, Jesus Christus als Retter anzunehmen und ein neues Leben zu beginnen.

Das führt zu einem weiteren zentralen Thema. Es handelt von der Erlösung der Menschheit durch Christus und zieht sich wie ein roter Faden durch die ganze Bibel.

Die Überlieferung der Bibel

Manchmal wird der Einwand erhoben, dass durch den lang andauernden Prozess der handschriftlichen Vervielfältigung der Schriften (bis etwa 1500 nach Christus) Fehler und Änderungen in der Überlieferung der Originaltexte aufgetreten sein müssen. Deshalb könne man nicht sicher sein, dass man den Originaltext vorliegen habe. Dieses Argument wird häufig von Menschen vorgebracht, die keine Kenntnis darüber haben, wie überwältigend der Beweis für die Originaltreue der Bibel ist. Dies kann am deutlichsten anhand des Neuen Testaments illustriert werden. Es gibt viele Ma-

nuskripte, die das ganze Neue Testament oder einzelne Teile enthalten. Insgesamt existieren mehr als 5000 solcher Schriftstücke. Natürlich gibt es in allen Manuskripten Abschreibfehler. Es ist praktisch unmöglich, ein ganzes Dokument ohne zufällige Fehler handschriftlich zu vervielfältigen. Auffallend aber ist, dass keine zwei Handschriften genau dieselben Fehler enthalten. Beim Vergleich aller Manuskripte ist es möglich, den Originaltext so zu rekonstruieren, dass die Abweichung davon auf weniger als zwei Prozent reduziert werden kann. Bei diesen zwei Prozent handelt es sich überwiegend um geringfügige sprachliche Besonderheiten, die keinen Einfluss auf die Bedeutung des Textes haben. Zudem wird keine Lehre des Neuen Testaments durch diese kleinen Unsicherheiten in Frage gestellt, da keine Lehraussagen auf einzelnen Versen oder Absätzen beruhen.

Die Genauigkeit der Überlieferung des Alten Testaments wurde besonders durch die Funde der Schriftrollen am Toten Meer deutlich. Die gefundenen Rollen bestehen aus über 40.000 beschriebenen Fragmenten, aus denen man mehr als 500 Bücher rekonstruieren konnte. Eine der gefundenen Rollen bietet eine vollständige Handschrift des hebräischen Textes des Propheten Jesaja. Paläographen, die Erforscher alter Schriften, datieren sie auf etwa 125 v.Chr. Die anderen biblischen Manuskripte datieren zwischen 200 v.Chr. und 68 n.Chr. Die Bedeutung der Entdeckung liegt in der genauen Übereinstimmung der Jesaja-Rolle aus dem Jahr 125 v.Chr. mit der um etwa 1000 Jahre jüngeren masoretischen Textwiedergabe aus dem Jahr 916 n.Chr., die bis dahin die älteste bekannte Abschrift des Buches Jesaja war. Das beweist die ungewöhnliche Genauigkeit der Kopisten des Alten Testaments über einen Zeitraum von tausend Jahren. Auch die Archäologie bestätigt die große historische Genauigkeit der biblischen Überlieferung. So schrieb der namhafte jüdische Archäologe Nelson Glueck: »Es kann kategorisch gesagt werden, dass keine archäologische Entdeckung jemals eine biblische Aussage widerlegt hat.« Weiter betont Glueck das fast unglaublich genaue historische Gedächtnis der Bibel (vgl. Nelson Glueck, »Rivers in the Desert. History of Negev«, 1969).

Der bekannte Archäologe W.F. Albright schrieb: »Es kann kein Zweifel daran bestehen, dass die Archäologie die Geschichtlichkeit der alttestamentlichen Überlieferung im Wesentlichen bestätigt hat« (vgl. W.F. Albright, »Die Religion Israels im Licht der archäologischen Ausgrabungen«, München 1956).

Wir können uns also sicher sein, dass wir mit der Bibel den Text vorliegen haben, der von den ursprünglichen Schreibern verfasst wurde.

Das Phänomen der biblischen Prophetie

Die erfüllten Prophetien der Bibel sind ein deutlicher Hinweis auf ihren göttlichen Ursprung. In der Bibel stehen Hunderte exakte Vorhersagen, die sich buchstäblich erfüllt haben. Darin ist die Bibel einzigartig. Auch die Apostel beriefen sich auf zwei grundlegende Faktoren aus dem Leben Christi, um zu begründen, dass er der Messias ist: die Auferstehung und die erfüllte messianische Prophetie.

Das Alte Testament, das über einen Zeitraum von ungefähr 1000 Jahren geschrieben wurde, enthält mehrere hundert Hinweise auf den kommenden Messias. Das Leben von Jesus Christus entsprach allen Hinweisen. Er erfüllte somit alle Prophetien. Sie stellen seine Glaubwürdigkeit als Messias auf eine solide Basis. Im Alten Testament fordert Gott die Menschen auf, prophetische Aussagen anhand von Fakten zu überprüfen, um zu erkennen, welche Worte von IHM kommen. Was Gott ankündigt, das trifft ein. Das bedeutet, Gott lässt die Prüfung seiner Worte nicht nur zu, er fordert sogar dazu auf.

> »Es gibt keinen Gott gleich mir, der ich von Anfang an den Ausgang verkünde und von alters her, was noch nicht geschehen ist, – der ich spreche: Was ich beschlossen habe, geschieht, und alles, was ich mir vorgenommen habe, das tue ich.«   (Jesaja 46,9-10)

Nur Gott, der Ewige, der außerhalb von Raum und Zeit steht, ist in der Lage, die Zukunft exakt vorherzusehen. Aus der Fülle der Prophetien sei hier nur ein Beispiel erwähnt:

Gott hatte durch den Propheten Micha im 7. Jahrhundert vor Christus angekündigt, dass sein Sohn in Bethlehem Ephrata zur Welt kommen würde. Er schloss somit alle anderen Städte der Welt als möglichen Geburtsort aus.

> Und du, Bethlehem Ephrata, die du klein bist unter den Städten in Juda, aus dir soll mir der kommen, der in Israel Herr sei, dessen Ausgang von Anfang und von Ewigkeit her ist.   (Micha 5,1)

Die Evangelisten Matthäus und Lukas berichten einhellig, dass Jesus Christus in Bethlehem geboren wurde (Matthäus 2,1.4-8; Lukas 2,4-7). Es war unter den Juden zu dieser Zeit allgemein bekannt, dass der Messias aus Bethlehem stammen würde (Johannes 7,42). Da König Herodes durch das neugeborene Christuskind seinen Thron gefährdet sah, ließ er alle Kinder in Bethlehem bis zu einem bestimmten Alter ermorden. Jesus entkam dem Schwert des Herodes, weil seine Eltern – von Gott dazu aufgefordert – nach Ägypten flohen.

Gott wirkt durch sein Wort in unser Leben hinein

Jesus erzählte einmal ein Gleichnis, in dem er die Wirkung seiner Worte auf unser Leben beschrieb. Er sagte:

> »Darum gleicht jeder, der auf meine Worte hört und tut, was ich sage, einem klugen Mann, der sein Haus auf felsigen Grund baut. Wenn dann ein Wolkenbruch niedergeht und die Wassermassen heranfluten, wenn der Sturm tobt und an dem Haus rüttelt, stürzt es nicht ein, denn es ist auf Felsen gegründet. Doch wer meine Worte hört und sich nicht danach richtet, gleicht einem unvernünftigen Mann, der sein Haus einfach auf den Sand setzt. Wenn dann ein Wolkenbruch niedergeht und die Wassermassen heranfluten, wenn der Sturm tobt und an dem Haus rüttelt, bricht es zusammen und wird völlig zerstört.«
>
> (Matthäus 7,24-27)

Die Wirkung der Worte Jesu und der Bibel auf Menschen ist enorm, wenn sie im Leben umgesetzt werden. Wer die Lehre Jesu in seinem Leben praktiziert, der verfügt über Halt und Stabilität in den schwierigsten Lebensumständen, in allen Stürmen des Lebens. Allein die Worte und Lehre Jesu zu kennen und zu bewundern, bringt jedoch noch keine Festigkeit in unser Leben. Das Wort Gottes wird unser Leben positiv verändern, wenn wir es ernst nehmen und in unserem Leben anwenden. Jesus spricht in seinem Gleichnis von der Gefahr, dass wir zwar wissen, was er gesagt hat, dies

aber nicht tun. Jemand, der eine herablassende oder oberflächliche Haltung dem Wort Gottes gegenüber einnimmt, wird seine Kraft nie erfahren.

Vor einigen Jahren strandete ein englisches Schiff auf einer Insel Papua-Neuguineas. Die Eingeborenen nahmen die Schiffbrüchigen freundlich auf. Als der Kapitän in die Hütte des Häuptlings kam und dort ein Neues Testament sah, äußerte er sich verächtlich über das seiner Meinung nach rückständige Buch. Darauf sagte der Häuptling zu ihm: »Spotte nicht über dieses Buch! Wenn du hierher gekommen wärst, bevor wir dieses Buch hatten, hätten wir euch alle umgebracht und aufgegessen.«

Jeder kann an sich selbst die lebensverändernde und stabilisierende Kraft der Worte Jesu erfahren, wenn er sein Leben nach diesen Worten ausrichtet. Dazu ist es wichtig, die Worte Jesu zu lesen. Jesus hat zu seiner Zeit das einfache Volk gelehrt und seine Lehre durch viele Beispiele veranschaulicht. Ein Studium der Theologie ist nicht Voraussetzung, um seine Aussagen erfassen zu können.

Mark Twain, der große amerikanische Schriftsteller, hat einmal gesagt: »*In der Bibel beunruhigt mich nicht das, was ich nicht verstehe, sondern das, was ich verstehe.*«

Naturgemäß gibt es in einem Buch, das so alt ist wie die Bibel, schwer verständliche Abschnitte. Aber auch der ungeübte Leser kann genug erfassen, um durch die Anwendung von Gottes Wort sein Leben zu revolutionieren.

KAPITEL 3

Gott, wer bist du, und wie kann ich dich erkennen?

Die Suche nach Gott und emotionsgeladene Diskussionen über seine Existenz beschäftigen seit langer Zeit viele Menschen. Existiert Gott? Wenn ja, betrifft mich das? Was sind seine Wesenszüge? Wie kann ich sie erkennen? Die hier aufgelisteten Fragen sind nur ein kleiner Auszug unserer Fragen nach Gott. Warum stellen wir uns diese Fragen? Stimmt es, dass jeder Mensch ein Vakuum in sich trägt, das nur Gott ausfüllen kann? Treibt uns eine innere Sehnsucht zur Suche nach unserem Schöpfer? Die Suche nach Gott und die Auseinandersetzung mit Gott ziehen sich jedenfalls wie ein roter Faden durch die Geschichte. Wer ist Gott? Und was können wir über ihn wissen?

Es gibt keine allgemein anerkannte menschliche Vorstellung von Gott. So verschieden wir Menschen sind, so unterschiedlich sind auch unsere Gottesbilder. Hier einige Beispiele: Einige definieren Gott als etwas Abstraktes, einen allgegenwärtigen Weltgeist, eine höhere Intelligenz, eine ungewisse Kraft oder Energie. Andere wiederum sehen Gott als ein fernes Wesen, das nicht in die Geschehnisse der Erde eingreift. Manche schieben ihm die Polizistenrolle zu. Gott ist der Hüter der Ordnung und bestraft diejenigen, die Fehler machen. Andere verwerfen den Gedanken an *einen* Gott und beten viele Götter an. Kritiker sehen Gott als Krücke für schwache Menschen, als Erfindung des Menschen, um das Unbegreifliche zu erklären. Im Lichte solcher Argumente wird der Glaube an einen Gott als unvernünftig dargestellt.

Gott als Energie, Polizist, Produkt eines menschlichen Erklärungsnotstands ... was ist wahr? Um dem auf den Grund zu gehen, beginnen wir beim Menschen selbst. Tatsache ist, dass wir Menschen grundsätzlich von unseren eigenen Wahrnehmungen ausgehen. »Die Dinge sind so, wie wir sie sehen!« Wir erschaffen unsere eigene Wahrheit und gehen davon aus, dass sie so ist, wie sie in unser individuelles Weltbild passt. Das ist ein durchaus menschliches Verhalten. Wir grenzen die Realität ein, um sie überhaupt verstehen zu können. Im Falle der Gottesvorstellung kann das so aussehen: »Wenn Gott existieren würde, dann dürfte es keine Kriege geben.« In diesem Fall wird Gott als ein Wesen gesehen, das in die Menschheitsgeschichte eingreifen sollte, um Kriege und Unglück zu verhindern, als ein oberstes Kontroll-Organ, das den Frieden sichern müsste. Von Gott wird somit eine politische Rolle erwartet. Die Tatsache, dass er sie nicht wahrnimmt, führt zur Schlussfolgerung, dass es ihn nicht gibt. Eine Logik, die in sich schlüssig scheint. Aber ist sie wahr? Diesem Standpunkt steht nämlich ein anderer gegenüber. »Gott ist Liebe. Kriege werden von Menschen geführt, die nicht nach den Maßstäben Gottes leben (du sollst deinen Nächsten lieben, du sollst nicht töten), von Menschen, die gottlos sind.« Aussage gegen Aussage. Was ist wahr? Können wir uns unseren Gott nach unseren Vorstellungen gestalten?

Welche Erwartungen und Forderungen wir auch immer an Gott, an seine Aufgaben und an sein Wesen stellen, es bleibt doch die Tatsache bestehen, dass Gott ist, wie er ist, und nicht so, wie wir ihn uns denken. Man kann dies mit einem Beispiel verdeutlichen: Herr Schuster wird von den Menschen, die ihn umgeben, unterschiedlich wahrgenommen. Familie Mayr wohnt nebenan, Frau Schmidt hat ein Gerücht über ihn vernommen, Herr Bauer arbeitet für ihn und Frau Schuster ist mit ihm verheiratet. Wenn nun all diese Menschen zusammenkommen und ihre Eindrücke austauschen, dann haben sie alle eine andere Wahrnehmung von Herrn Schuster. Ist nun Herr Schuster so, wie er von den einzelnen Personen wahrgenommen wird? Wenn das so wäre, dann wäre er wahrscheinlich eine gespaltene Persönlichkeit. Herr Schuster ist eben nur so, wie Herr Schuster ist – unabhängig von Wahrnehmungen von außen. So verhält es sich auch mit Gott. Gott ist, wie er ist, nicht so, wie wir ihn uns denken, nicht so, wie er in unserem individuellen Weltbild Sinn macht.

Unabhängig von jeder individuellen Vorstellung von Gott sollten wir jedoch Folgendes festhalten: Gott ist das Wesen, das über allem steht und das alles erschaffen hat. Er ist ein Schöpfergott. Daraus folgt: Nicht unser Gehirn erschafft Gott, sondern Gott hat uns Menschen mit unserem Gehirn erschaffen. Ein Gott, der dem Gehirn des Menschen entsprungen ist, kann nicht Gott sein. Gott kann keine Idee von uns Menschen sein. Ganz im Gegenteil: Wir sind seine Idee. Man kann daraus folgern, dass verschiedene Ausformungen menschlicher Gottesbilder nicht dem Wesen Gottes entsprechen. Gott ist, wie er ist, nicht wie wir ihn uns erschaffen. Wie aber kann ich Gott und sein Wesen erkennen?

Grundsätzlich kann ich Gott nur erkennen, indem ich mich mit seinen Aussagen über sich selbst auseinandersetze. Gott hat sich uns in Jesus gezeigt. Seine Worte und seine Taten sind ein genaues Ebenbild Gottes. Johannes schreibt über Jesus: »*Niemand hat Gott jemals gesehen, doch sein einziger Sohn, der den Vater genau kennt. Er hat uns gezeigt, wer Gott ist*« (Johannes 1,18). Jesus kennt Gott als Einziger wirklich, und er hat uns

Gott geoffenbart. Durch Jesus spricht Gott ganz konkret seinen Willen in unser Leben hinein. Auf dieser Entdeckungsreise nach Gott ist Offenheit gefragt. Jetzt geht es darum, sich vor Augen zu halten, dass Gott sich nicht in ein Schema pressen lässt. Dabei müssen wir nicht blind und ohne Verstand glauben. Jesus hat auch gesagt: »Wer von euch bereit ist, Gottes Willen zu tun, der wird erkennen, ob diese Worte von Gott kommen« (Johannes 7,17). Diese Zusage beinhaltet, dass wir selbst überprüfen können, ob Gottes Wort wahr ist, ob er real ist. Gott lässt Prüfung zu. Er hat nichts zu verlieren.

Was heißt das nun, Gottes Willen tun? Um Gottes Willen zu tun, muss ich erst einmal wissen, was sein Wille überhaupt ist. Dies erfolgt durch das Lesen der Evangelien und der anderen Schriften des Neuen Testaments. Dann gilt es, seine Worte in die Tat umzusetzen. Ruft das innerlich Abwehr hervor? Manche Menschen stellen sich ein Leben als Christ langweilig und konservativ vor. Sie sehen den Spaßfaktor in ihrem Leben gefährdet. Christsein wird auf das Einhalten von Regeln reduziert, und Regeln verderben den Spaß.

Diese Vorstellungen entsprechen nicht dem, was Christsein wirklich heißt. Christsein heißt, dem lebendigen Gott einen Platz in unserem Leben zu geben, Gott die Chance zu geben, dass er konkret in unser Leben hineinspricht, dass er unser Herz mit Ruhe, Liebe und Freude ausfüllt und dass er die Quelle der Kraft ist.

In Glaubensfragen muss man seinen Verstand nicht ausschalten. Es gibt nämlich Anhaltspunkte für einen konkreten Glauben. Jesus Christus ist eine historische Person. Neben dem umfangreichen biblischen Zeugnis existieren außerbiblische Quellen, die über sein Leben, seinen Tod und seine Auferstehung berichten. Als Beispiele seien hier Tacitus, Sueton und Josephus erwähnt.

Der jüdische Geschichtsschreiber Josephus (37 n.Chr.), der kein Christ, sondern Jude war, schreibt:

> »Nun gab es um diese Zeit einen Menschen, wenn es recht ist, ihn einen Menschen zu nennen, denn er war ein Wundertäter und ein Lehrer für die, die die Wahrheit mit Freuden annehmen. Er gewann viele Juden und viele Heiden als Gefolgschaft. Er war Christus; und als Pilatus ihn auf Verlangen unserer führenden Männer zum Kreuzestod verurteilte, wichen jene, die ihn von Anfang an liebten, nicht von seiner Seite, denn er erschien ihnen am dritten Tag, wieder zum Leben erwacht, wie die göttlichen Propheten dies neben unzähligen anderen wunderbaren Dingen über ihn vorausgesagt hatten. Die Gruppe der Christen, die nach ihm benannt sind, existiert bis auf den heutigen Tag.« (Flavius Josephus, Jüdische Altertümer, XVIII 3,3 §63f.)

Neben den historischen Quellen, die die Existenz Christi belegen, wurde Jesus, ebenso wie Detailereignisse aus seinem Leben (wie z.B. sein Geburtsort, seine Wunderheilungen, sein Tod am Kreuz, seine Auferstehung), in zahlreichen Prophetien vorhergesagt. Diese Vorhersagen sind ebenfalls konkrete Anhaltspunkte für den Glauben. Wer anders als Gott könnte genaue und detaillierte Angaben über Ereignisse machen, die in der Zukunft liegen? Gott hat Hunderte Jahre vor Jesu Geburt durch zahlreiche Prophezeiungen Jesu Kommen angekündigt. Das Alte Testament enthält über 300 Messias-Prophetien, die im Leben Jesu erfüllt wurden. Nur ein Beispiel sei hier angeführt:

Der Prophet Jesaja prophezeite in Bezug auf das wundersame Wirken des Messias Folgendes:

Dann werden die Augen der Blinden aufgetan und die Ohren der Tauben geöffnet werden. Dann werden die Lahmen springen wie ein Hirsch, und die Zunge der Stummen wird frohlocken. (Jesaja 35,5.6)

In den Evangeliumsberichten lesen wir, wie sich diese Vorhersage im Leben von Jesus durch die Wunder, die er wirkte, buchstäblich erfüllte (siehe Matthäus 9,32-33; Matthäus 11,5; Markus 7,32-35; Johannes 5,3-9; Johannes 9,1-7).

Wenn man bedenkt, dass das Alte Testament, das all diese Prophetien enthält, etwa um 450-400 v.Chr. abgeschlossen worden war, dann wird verständlich, dass die Menschen, die die Zeichen Jesu sahen, nicht nur wegen der Wunder außer sich gerieten, sondern vor allem deshalb, weil sie darin die Erfüllung alter Prophetien erkannten. In der Regierungszeit Ptolemäus' II. (285-246 v.Chr.) wurde die griechische Übersetzung des hebräischen Alten Testaments, die Septuaginta, fertiggestellt. Daher waren diese Prophezeiungen im gesamten östlichen Mittelmeerraum bekannt. Als sich im Leben und Wirken Jesu eine Prophetie nach der anderen erfüllte, sorgte das für beträchtliches Aufsehen. Der Glaube der ersten Christen, dass Jesus wirklich Gottes Sohn ist, stützte sich in starkem Maß auf diese erfüllten Prophetien.

Ein weiterer Anhaltspunkt für den Glauben sind Jesu Aussagen über sich selbst. Jesus bezeichnet sich selbst als den Sohn Gottes. Dies war auch der Grund für sein Todesurteil. Im jüdischen Denken kam der Anspruch, Gottes Sohn zu sein, der Aussage gleich, Gott selbst zu sein. Das wurde als unerhörte Anmaßung und als eine Gefahr für die eigenen Machtansprüche gesehen und hatte daher das Todesurteil über Jesus zur Folge.

Aber Jesus schwieg und sagte kein Wort. Darauf fragte ihn der Hohepriester noch einmal: »Bist du der Messias, der Sohn des Hochgelobten?« »Ich bin es!«, erwiderte Jesus, »und ihr werdet den Menschensohn sehen, wie er an der rechten Seite des Allmächtigen sitzt und mit den Wolken des Himmels kommt.« Da zerriss der Hohepriester den Halssaum seines Gewandes und rief: »Was brauchen wir noch Zeugen? Ihr habt die Gotteslästerung gehört. Was ist eure Meinung?« Alle erklärten, er sei schuldig und müsse sterben. (Markus 14,61-64)

Jesus war sich bewusst, welche Konsequenzen seine Aussage haben würde. Trotzdem hat er behauptet, Gottes Sohn zu sein. Das war eine Behauptung, die geeignet war, seine Mitbürger aus der Fassung zu bringen, ein unerhörter Anspruch. Manche Menschen sagen auch heute, dass Jesus nichts weiter als ein guter Mensch war, ein moralischer Lehrer, der schließlich gescheitert ist. Eine Frage des Standpunkts?

Wiederum ist der Blick auf die Fakten wichtig. Die Auferstehung Jesu Christi wurde von vielen Menschen bezeugt. Ehemals verängstigte Leute (z.B. Petrus, der bei der Festnahme Jesu aus Angst angab, ihn nicht zu kennen) waren danach bereit, für diese Botschaft zu sterben. Stirbt jemand für eine Lüge? Vielleicht – aber nur, wenn er nicht weiß, dass es eine Lüge ist. Hier aber gab es Menschen, die von der Verkündigung der Auferstehungsnachricht keinen Gewinn hatten – die dafür mit dem Leben bezahlen mussten – und die trotzdem nicht schweigen konnten, weil sie Jesus gesehen hatten. Jesu Grab ist leer, aber er hat keine Leere, sondern eine Fülle für uns Menschen hinterlassen, eine frohe Botschaft. Gott hat uns in Jesus als Mensch besucht, und er hat sehr viel anzubieten! Gott ist in Jesus Mensch geworden, damit eine Freundschaft zwischen ihm und uns entstehen kann. In Jesus ist Gott greifbar, für uns nah und erlebbar, weil er Mensch ist wie wir und weil wir ihn mit unseren Sinnen erfassen und seine Worte verstehen können.

Folgende Geschichte aus dem Neuen Testament spricht symbolisch von der Freundschaft, die Gott uns durch Jesus anbietet. Johannes schildert in seinem Evangelium das erste Wunder, das Jesus gewirkt hat (Johannes 2,1-11).

Jesus war zu einer Hochzeit eingeladen. Hochzeiten dauerten damals sieben Tage, und das Brautpaar musste daher seine Gäste sieben Tage lang bewirten und versorgen. Nun entstand die peinliche Situation, dass der Wein ausging. Das Brautpaar hatte vielleicht falsch kalkuliert, oder das Fest war besonders rauschend. Auf jeden Fall ging der Wein aus, und somit war der Fortgang des Festes gefährdet. Was das zu jener Zeit und in diesem Kulturkreis für ein Skandal gewesen wäre, können wir nur erahnen. Die Mutter Jesu erkannte dies. Ihr war klar, wer Jesus ist, und sie bat ihn darum, einen Ausweg zu schaffen. Nun geschah das erste Wunder Jesu – er beauftragte die Diener, sechs steinerne Wasserkrüge, die zur zeremoniellen Reinigung der Juden vorgesehen waren, bis an den Rand mit Wasser zu füllen. Ein Wasserkrug zur zeremoniellen Reinigung der Juden fasste damals 110-120 Liter. Als sie das Wasser brachten, war es zu Wein geworden. Wie man bei Johannes lesen kann, sogar zu einem so hervorragenden Wein, sodass der Speisemeister den Bräutigam rügte, weil er den Gästen den besten Wein so lange vorenthalten hätte. Er wusste zu diesem Zeitpunkt noch nicht, woher der Wein kam. Jesus hat dieses Wunder im Verborgenen gewirkt.

Was kann man aus diesem Zeitzeugnis erkennen? Als sein erstes öffentliches Zeichen verwandelte Jesus Wasser in Wein. Er hielt keine Bußpredigt, keinen Vortrag zum gemäßigten Alkoholkonsum, sondern er schenkte Freude. Und er tat dies nicht als Unterhaltungseinlage, sondern im Verborgenen. Er handelt ganz anders, als wir Menschen es erwarten und als wir selbst handeln würden. Es ging ihm nicht um Anerkennung und Beifall. Nein, er schenkte Freude, unaufdringlich im Hintergrund und ohne Aufsehen zu erregen. Jesus schuf einen ausgezeichneten Wein, er schenkte etwas Besonderes.

Dieses Zeichen wirft folgende Fragen auf: Wer ist dieser Mann, der Wasser zu Wein machte? Wer ist dazu fähig? Ist er tatsächlich der, der hinter den Abläufen der Natur steht, der Schöpfer? Das hieße, dass Gott Mensch geworden ist, wie es durch die Propheten vorhergesagt wurde. Das hieße, dass Jesus der angekündigte Messias ist, der Retter.

Jesus stellt sich mit seinem ersten Wunder als der vor, der Freude in unser Leben bringen will. Das Leben mit Gott ist freudvoll. Gott hat das Leben in einer Weise entworfen, dass es Freude als einen wesentlichen Bestandteil vorsieht. Wenn wir überhaupt keine Freude erfahren, sterben wir zuerst innerlich, dann physisch. Wenn wir keine Freude in unserem Leben erfahren, dann ist das ein Zeichen dafür, dass etwas nicht stimmt.

Echte Freude kann nur Gott geben. Jeder Mensch kann selbst erleben und selbst erkennen, ob die Worte des Evangeliums von Gott kommen und das Versprechen echter Erfüllung der Sehnsucht nach Freude eingelöst wird. Dazu ist es notwendig, mit offenem Herzen zu Jesus zu kommen, weil wir Gott durch Jesus Christus kennenlernen und erfahren.

Solches habe ich zu euch geredet, auf dass meine
Freude *in euch bleibe und eure* **Freude** *völlig werde.*
(Johannes 15,11)

Gott schenkt echte Freude, und eine Freundschaft mit ihm hält ewig.

KAPITEL 4

»Der Mensch lädt Gott aus«

Essenseinladungen, Einladungen zu Produktpräsentationen, Familienfesten, Firmenfeiern, Wahlkampfveranstaltungen, Flohmärkten oder Konzerten der örtlichen Musikkapelle … Aufforderungen wie diese zur Teilnahme an einem Ereignis flattern täglich ins Haus, und wir treffen laufend Entscheidungen darüber, welchen Einladungen wir nachkommen möchten und welche wir lieber ablehnen. Wir sind schon unzählige Male eingeladen worden. Wurden Sie jedoch schon einmal ausgeladen? Ausladung, was soll das sein? Wenn Einladung bedeutet, dass man Menschen zur Teilnahme und zum Kommen bittet, dann bedeutet Ausladung, dass man Menschen ersucht, an einem Ereignis nicht teilzunehmen. Ein sehr unhöfliches Verhalten! Doch: Gibt es vielleicht jemanden, den wir ausgeladen haben? Von einem Fest, einem Ereignis oder aus unserem Leben? Ausladungen kommen vor. Es gibt jemanden, der sehr oft ausgeladen wird, obwohl er alle einlädt: Gott.

Gott lädt zum Glauben und zu einem Leben mit ihm ein. Doch diese Einladung passt nicht so recht in unseren Alltag. Wir haben viel zu tun – warum sollten wir unsere Zeit in etwas investieren, das uns ein bisschen unangenehm oder sogar peinlich ist? Hinzu kommt, dass Menschen, die ernsthaft der Einladung zu einem Leben mit Gott folgen, oft für suspekt gehalten werden. Glaube ist nicht gerade »in« und hat für viele den Beigeschmack des Lächerlichen. Gläubige, die mit Gott leben, scheinen wie von einem anderen Stern zu sein. Sind diese Menschen nicht im 21. Jahrhundert angekommen?

Auch wenn wir scheinbar in einer Welt der Toleranz leben, herrscht in den Industriestaaten ein Meinungsklima vor, das Gott und den Himmel zu Tabuthemen macht. Der Glaube an Gott wird eher in Randbereichen des Lebens angesiedelt und häufig erst dann als interessant eingestuft, wenn das Leben sonst nichts mehr zu bieten hat. Als eine Frau ihrer Schwägerin, die zur Entfernung eines Tumors im Krankenhaus lag, bei einem Besuch ein Buch über Jesus brachte, sagte diese empört: »So schlecht geht's mir auch wieder nicht!« Das Jesusbuch schien ihr als Indiz, dass ihre Schwägerin sie abgeschrieben hatte. Dieses Beispiel zeigt klar den zwiespältigen Bezug, den viele zum Glauben haben. Glauben ist nichts fürs Leben, aber bei der Konfrontation mit dem Tod dient er als Trostpflaster. So kann es sein, dass man beim Begräbnis der frommen Tante dann doch ein bisschen erleichtert ist, dass sie »einen guten Draht nach oben« hatte. Als Stammtischthema aber findet man eine Erörterung über Vertrauen und Liebe zu Gott unpassend. In unserer Informationsgesellschaft droht das Wissen über Gott als Nischenprogramm unterzugehen.

Die nicht zu bewältigende Flut an Informationen, die in der globalen und vernetzten Welt zur Verfügung stehen, wird von Medien und Institutionen gefiltert und komprimiert dargestellt. Wir erhalten täglich ein vorgefertigtes Paket an Ereignissen, die angeblich die Welt bewegen. Dabei herrscht eine suggestive Atmosphäre vor, in der von den Nachrichtenmachern bestimmt wird, was Thema ist und was nicht. Die Nachrichten, die uns ständig umgeben, sind die reduzierte Darstellung des Weltgeschehens. Sie sind, weil es gar nicht anders geht, eine Verkürzung der Wirklichkeit. Ausgewählte Sequenzen erreichen unser Wohnzimmer und prägen gemeinsam mit Büchern und anderen

Quellen unsere Sicht der Dinge. Viel fällt dabei durch den Rost. Für Kriege, die für die Weltwirtschaft unbedeutend sind, oder Initiativen, die nicht für wert geachtet werden, die Aufmerksamkeit der Medien zu erregen, bleibt in der 24-Stunden-Nachrichtenversorgung ebenso wenig Zeit wie für Gott.

Wenn wir von Geschehnissen nichts hören und sehen und sie daher für unser Leben nicht bedeutungsvoll erscheinen, heißt das dann, dass sie nicht stattfinden? Sicher nicht. Kriege, von denen wir nichts wissen, finden statt. Initiativen, von denen wir nie erfahren werden, werden ins Leben gerufen. Auch wenn über Gott kaum gesprochen wird, so ist er dennoch Wirklichkeit. Er ist sogar die letzte Wirklichkeit, an der niemand vorbeikommt. Er ist die Zukunft, der wir alle entgegengehen – unabhängig davon, ob wir ihm am Förderband des Lebens den Rücken zukehren und unsere Aufmerksamkeit Dingen zuwenden, die nur kurze Blitzlichter abgeben und irgendwann im Nichts verpuffen. Jesus wusste, dass sehr viele Menschen diese unausweichliche Tatsache, einmal vor Gott zu stehen, im Leben nie erkennen werden. Aber wenn dies eine unumstößliche Wahrheit ist, dann steuern wir alle, Gläubige und Nichtgläubige, Zweifler, Suchende und Spötter auf sie zu. »Dann wird da sein das große Weinen und Zähneknirschen«, sagte Jesus (Lukas 13,28). Man wird weinen über eine Wahrheit, die man plötzlich begreift, und über die Erkenntnis, dass man an ihr vorbeigelebt hat. Diese Gefahr ist sehr groß. Denn die vorherrschende Lebensphilosophie lässt es als nicht normal erscheinen, an Gott mit seinem Herzen und seinem Verstand zu glauben. Man könnte das als Symptom für Gottesblindheit bezeichnen. Wir sind Kinder unserer Zeit und übernehmen unbewusst und meist ohne darüber nachzudenken die Normen und Vorga-

ben unserer Gesellschaft. Damit sollten wir uns eingehender beschäftigen.

Soziale Normen erzeugen Verhaltensregeln und Vorstellungen, die von den meisten Mitgliedern der Gesellschaft akzeptiert werden. Normen sagen uns, was erlaubt und was nicht erlaubt ist, beispielsweise, dass man beim Essen nicht schmatzt und im Restaurant nach üppiger Speise nicht den Hosenbund öffnet. Normen sagen uns, worüber man spricht und worüber man nicht spricht.

Sie sagen uns, dass es unpassend ist, am Stammtisch über Jesus zu sprechen. Es ist aber wichtig zu verstehen, dass Verhaltensnormen wandelbar sind. Sie sind je nach Kultur verschieden und ändern sich im Laufe der Geschichte.

»Die ganze Welt dreht sich um mich«

In unserer Zeit stellt sich der Mensch in das Zentrum aller Dinge. Es ist normaler Bestandteil unseres Lebens, dass wir häufig über uns selbst nachdenken, uns selbst analysieren und reflektieren. Das ist Teil unserer Lebensphilosophie. Wir sind auf der Suche nach uns selbst, streben nach Selbstfindung und Selbstentdeckung. Der Wert von Dingen wird oft daran gemessen, wie gut sie uns tun. Wir suchen Beziehungen und Freundschaften, die unser Ego nähren, und denken sehr viel über unseren eigenen Gemütshaushalt nach. Kurz: Wir kreisen um uns selbst. Durchaus kritisch vielleicht, aber auf jeden Fall stehen wir im Mittelpunkt unseres Interesses. Selbstliebe, Selbstachtung und Selbstbewusstsein sind Schlüsselbegriffe geworden.

Nikolaus Kopernikus machte eine Entdeckung, die die Menschen seiner Zeit erschütterte. Er fand heraus, dass sich die Sonne nicht um die Erde dreht, sondern umgekehrt. Somit stand nicht mehr – wie angenommen – die Erde im Zentrum des Universums. Das ganze Weltbild der damaligen Zeit wurde durcheinandergerüttelt. Und heute?

Was geschieht, wenn der Mensch in seinem festen Glauben an sich selbst erschüttert wird? Wenn sich herausstellt, dass sich die Welt nicht um ihn dreht? Wenn sich die Maximierung unserer Eigenliebe als komplett falscher Fokus herausstellt? Wenn wir begreifen, dass Gott das Zentrum ist – und nicht wir selbst? Betrachtet man, was uns das Evangelium zu sagen hat, dann erkennt man die Notwendigkeit, Gott zum Mittelpunkt zu machen. Die Frohe Botschaft von Jesus Christus will in diesem Zusammenhang ein Umdenken und Wachrütteln bewirken, damit wir unseren Blick auf Gott richten. Die Bibel spricht von dem ewigen Evangelium (Offenbarung 14,6). Diese ewige gute Botschaft ist die Einladung, zu Gott umzukehren, sich zu ihm zu wenden. Diese Einladung Gottes war trotz sich ändernder Normen für alle Kulturen und alle Menschen immer gleich. Gott lädt uns nicht zu einem endlosen Vortrag über Moral ein, sondern dazu, die Ewigkeit mit ihm zu verbringen. Es macht einen großen Unterschied, ob wir dieser Einladung folgen oder nicht.

Bei Gott eingeladen

Jesus selbst stellt anlässlich eines Gastmahls bei einem hochrangigen Pharisäer, d.h. einem frommen Juden, klar, was die Einladung Gottes bedeutet und wie Menschen darauf reagieren. Auf die Bemerkung eines Gastes, wie schön es sein müsste, im Himmelreich eingeladen zu sein, erzählt er folgendes Gleichnis (Originaltext siehe Lukas 14,16-24):

Ein Mann veranstaltete ein großes Mahl und lud viele Menschen ein, daran teilzunehmen. Als alles vorbereitet war, sandte er nach orientalischer Sitte seinen Knecht aus, um den eingeladenen Gästen zu sagen, dass das Fest beginnen konnte. Nun zeigte sich aber, dass niemand teilnehmen wollte. Konkret berichtet Jesus von drei Personen, die folgende Ausreden vorbrachten. Der Erste sagte dem Knecht: »Ich habe gerade einen Acker gekauft, und es ist nun wichtig und notwendig, dass ich einen Lokalaugenschein vornehme. Bitte entschuldige mich, es ist dringend.« Der andere sagte: »Auch ich möchte mich entschuldigen, denn ich habe fünf Ochsengespanne gekauft und muss nun überprüfen, ob die Ware in Ordnung ist. Ich bin verhindert.« Der Dritte aber sagte: »Es tut mir leid, auch ich kann nicht kommen, denn ich habe gerade erst geheiratet und will Zeit mit meiner Frau verbringen.« So kehrte der Knecht ohne Gäste zurück. Der Hausherr wurde zornig und beauftragte den Knecht, rasch dorthin zu gehen, wo sich in der Stadt Arme, Krüppel, Lahme und Blinde aufhielten. Die sollte er einladen und mitbringen. Sie sollten anstatt der ursprünglich Geladenen mit dem Gastgeber speisen. Der Knecht brachte nun all diese Menschen ins Haus seines Herrn und sagte dann zu ihm: »Es ist immer noch Platz für weitere Gäste!« Da sandte ihn der Mann noch einmal hinaus, um all jene zu überreden, die sich noch draußen auf den Straßen befanden, damit auch sie in den Genuss des Mahls kommen könnten.

Was wollte Jesus den Leuten mit der Geschichte sagen? Der Gastgeber symbolisiert Gott. Er hat viele Menschen eingeladen und Vorbereitungen für sie getroffen. Als er seinen Knecht aussendet, um die Gäste zu holen, kommen sie nicht. Das ist auch heute so. 2000 Jahre nach dem Tod Jesu sind die Knechte immer noch da, die Gottes Einladung überbringen. Diese Einladung wird sehr oft ausgeschlagen. Gott hat alle Mühe, seinen Himmel zu füllen. Diejenigen, die in ihrem Leben tief gefallen sind, die Armen und Kranken, erkennen am ehesten, wie großartig die Einladung Gottes ist. Gott richtet seine Aufmerksamkeit aber auch auf die Gruppe der Fernstehenden und möchte ihnen nachdrücklich versichern, dass sie willkommen sind.

Viele finden Ausflüchte, um der Einladung nicht nachkommen zu müssen. Die Beispiele im Gleichnis zeigen auch heute noch, warum Menschen nicht zu Gott kommen. Der Mann, der den Acker besichtigen möchte, ist um seinen Besitz besorgt. Der, welcher seine Ochsengespanne testen möchte, setzt die Arbeit an die erste Stelle. Dem Dritten ist seine Frau wichtiger. Eigentlich könnten alle drei teilnehmen, doch ihre Prioritäten sind andere: Besitz, Arbeit und Familie nehmen uns auch heute so gefangen, dass wir meinen, keine Zeit für Gott zu haben. Damit wird oft gerechtfertigt, dass wir Gott aus unserem Leben ausladen bzw. seiner Einladung nicht folgen. Erschwerend kommt die allgemeine Atmosphäre der Gottesblindheit hinzu, die zu Beginn beschrieben wurde. Wir wissen zu wenig über die Einladung Gottes und über denjenigen, der sie uns überbracht hat, Jesus Christus. Über Jesus gibt es aber im Neuen Testament sehr viel zu erfahren. Dieses Wissen hilft uns, die Bedeutung der Einladung Gottes zu verstehen und zu erkennen, wie wir sie annehmen können. Jesus ist *die* Schlüsselperson. Er hat den Eintritt in den Himmel für uns bezahlt. Johannes schreibt dazu:

Denn so hat Gott der Welt seine Liebe gezeigt: Er gab seinen einzigen Sohn dafür, dass jeder, der an ihn glaubt, nicht zugrunde geht, sondern ewiges Leben hat. (Johannes 3,16)

Wer an den Sohn glaubt, wer ihm vertraut, hat ewiges Leben. Wer dem Sohn aber nicht gehorcht, wird das ewige Leben nie zu sehen bekommen, denn Gottes Zorn wird auf ihm bleiben.   (Johannes 3,36)

Amen, ich versichere euch: Wer auf meine Botschaft hört und dem glaubt, der mich gesandt hat, der hat das ewige Leben. Auf ihn kommt keine Verurteilung mehr zu; er hat den Schritt vom Tod ins Leben schon hinter sich.   (Johannes, 5,24)

Die zitierten Stellen zeigen, dass wir Jesus annehmen müssen, wenn wir der Einladung Gottes folgen wollen. Jesus anzunehmen setzt wiederum die Einsicht voraus, dass wir mit unserem Leben, so wie wir sind, nicht vor Gott bestehen können. Nicht weil Gott kleinlich ist, sondern weil er gerecht ist. Aber Gott hat einen Weg für uns geschaffen, damit wir trotz unseres moralischen Versagens und unserer Unzulänglichkeit zu ihm kommen können, wenn wir wollen. Jesus hat nämlich am Kreuz unsere Schuld auf sich geladen. Darum kann er uns zu Gott führen, wenn wir an ihn glauben. Die Freiwilligkeit ist hierbei der Schlüsselfaktor. Gott erwartet von uns, dass wir aus freien Stücken und mit ehrlichen Absichten zu ihm kommen. Niemand wird gezwungen. Das ist Gottes Plan für uns.

Das Neue Testament zeigt, dass wir dadurch ewiges Leben haben. Mit ewigem Leben ist das Leben selbst gemeint, das ungetrübt von Tränen, Trauer, Leid, Schmerzen und Tod ist (siehe Offenbarung 21,4). Manchen Menschen fällt es schwer, diesen Aussagen des Neuen Testaments zu glauben. Für jeden, der zweifelt, ist es wichtig, sich mit der Person Jesu Christi auseinanderzusetzen und selbst zu prüfen.

Zu allen Zeiten, auch heute, gab und gibt es sehr viele Menschen, die der Einladung Gottes folgen. Sie räumen Gott einen aktiven Platz in ihrem Leben ein und überlassen ihm die Führung. Sie kreisen nicht mehr um sich selbst, sondern richten den Fokus auf ihren Schöpfer. Sie haben erkannt, dass Gott nicht abstrakt ist, sondern tatsächlich lebt. Er beginnt nicht erst an der Schwelle des Todes zu existieren. Der lebendige Gott, von dem die Bibel berichtet, ist in diesem Leben schon da. Jetzt. Und er selbst teilt den Himmel mit denen, die den Schritt auf Jesus zu machen und ihr Leben im Glauben an ihn binden. Denn seine Botschaft ist die der Liebe: »*Wer zu mir kommt, den werde ich nicht hinausstoßen. Wer zu mir kommt, der wird nicht hungern, und wer an mich glaubt, den wird nie mehr dürsten*« (Johannes 6,35). Und wie im Gleichnis der Mann seinen Knecht dazu ausschickt, auch die Fernstehenden einzuladen, so gilt auch heute die Einladung für all jene, die noch weit von Gott entfernt sind. Im Himmel ist viel Platz, denn Jesus sagte: »*Im Hause meines Vaters sind viele Wohnungen; wenn nicht, so hätte ich es euch gesagt. Ich gehe hin, um euch eine Stätte zu bereiten*« (Johannes 14,2).

KAPITEL 5

Das große Defizit des Menschen

Tagtäglich hören wir von ihm. Er wütet vielerorts, verbreitet Schrecken unter vielen Menschen und ganzen Völkern, er verursacht Leid und Zerstörung: der Krieg. Wie ein roter Faden durchziehen Kriege die Menschheitsgeschichte und hinterlassen Spuren von Trauer, Wut, Verzweiflung, Verlust und Tod. Die Folgen von Kriegen sind für den Einzelnen und die Gesellschaft verheerend. Allein im 2. Weltkrieg fielen nach Angaben von Demografen 16 bis 18 Millionen Soldaten, mehrere hundert Millionen Soldaten und Zivilisten wurden verletzt und teilweise verstümmelt, 50 bis 55 Millionen Zivilisten wurden getötet und etwa 12 bis 13 Millionen Geburten blieben infolge des Krieges aus. Seit Ende des Zweiten Weltkriegs setzte sich das große Schlachten fort. Allein in Afrika brachen in den letzten dreißig Jahren mehr als 40 Kriege aus. Diese Realität ist niederschmetternd, und der Wunsch nach Frieden ist groß. Die Hoffnung auf Frieden bleibt jedoch ein kleiner Punkt am Horizont, während das Blutvergießen kein Ende nimmt. Bertolt Brecht schreibt in seiner Dreigroschenoper:

Ein guter Mensch sein! Ja, wer wär's nicht gern?
Doch leider sind auf diesem Sterne eben
Die Mittel kärglich und die Menschen roh.
Wer möchte nicht in Fried' und Eintracht leben?
Doch die Verhältnisse, sie sind nicht so!

Friedenskonferenzen, Friedenspreise, Friedensforschung und Friedensappelle sind leise Rufe im Schlachtgeschrei und finden oft nur dort Gehör, wo politischer Friede existiert. Paradoxerweise stehen sich auch in Frieden lebende Völker bis an die Zähne bewaffnet gegenüber. Eine Nation muss für den Ernstfall gerüstet sein, heißt es. Wir sichern den Frieden mit Waffen.

Hierzulande haben wir seit 1945 politischen Frieden. Wir haben aus unserer Vergangenheit gelernt. Haben wir das wirklich? Wie sieht unser Frieden unter der glänzenden Oberfläche aus? Wozu haben wir die Friedenszeit genutzt? In der Friedensperiode seit 1945 haben wir mit verheerenden Folgen in noch stärkerem Ausmaß Raubbau an den Ressourcen unseres Planeten betrieben. Wir nutzen den Frieden auf Kosten der Umwelt zu maßlosem Konsum. Wir missbrauchen ihn dazu, uns zu bereichern, indem wir nicht nur die Natur, sondern auch die Menschen der armen Länder ausbeuten. Viele Produkte, die unsere Supermärkte anbieten, werden von Arbeiterinnen und Arbeitern unter menschenrechtsverletzenden Arbeitsbedingungen in »Sonderproduktionszonen« hergestellt. Ein Arbeitstag der Sieben-Tage-Woche beträgt 14 bis 16 Stunden, der Stundenlohn rangiert zwischen 30 und 70 Cent. Unter diesen Bedingungen werden Menschen zerstört.

Wozu haben wir den Frieden noch verwendet? Seit 1945 sind die Scheidungsraten drastisch gestiegen. Unser Land hat Frieden, aber in vielen Familien herrscht Krieg. Zudem werden jährlich Tausende von Kindern im Mutterleib getötet. So sieht unser Frieden aus. Die Verwüstung und Zerstörung hat sich andere Opfer gesucht. Was müsste sich ändern, damit ein echter Friede möglich ist? Ist es vielleicht so, dass zerstörte Menschen zwangsläufig eine zerstörte Welt hervorbringen? Woher kommt all die Zerstörung?

Das enge, gierige Herz

Jesus sagte dazu: Alles Böse kommt aus dem menschlichen Herzen.

Dann fuhr er fort: »Was aus dem Menschen herauskommt, das macht ihn unrein. Denn von innen, aus dem Herzen des Menschen, kommen die bösen Gedanken und mit ihnen alle Arten von Unzucht, Diebstahl, Mord, Ehebruch, Habgier und Bosheit. Dazu Betrug, Ausschweifung, Neid, Verleumdung, Überheblichkeit und Unvernunft. All dieses Böse kommt von innen heraus und macht den Menschen vor Gott unrein.« (Markus 7,20-23)

Das Böse, und somit der Ursprung für das Leid in dieser Welt, kommt aus dem menschlichen Herzen, das eng, gierig und auf den eigenen Vorteil bedacht ist. Dieses gierige Herz ist der Grund dafür, dass innerhalb von Familien sogenannte »Rosenkriege« ausbrechen, dass einstige Freunde sich plötzlich als Feinde gegenüberstehen, dass Nachbarn sich verklagen, dass Hass und Rachsucht anwachsen und Menschen ihre Mitmenschen zugrunde richten. Wenn enge, gierige Herzen in Regierungen und internationalen Konzernen an die Hebel der Macht kommen, dann resultiert daraus eine Welt wie die unsere. Albert Einstein soll nach der Fertigstellung der ersten Atombombe gesagt haben: *»Wir haben jetzt ein Problem. Das Problem ist nicht diese Bombe, das Problem ist das menschliche Herz.«* Und Otto von Habsburg bemerkte in einer Rede einmal: *»Der Krieg verhält sich zum Unrecht wie das Fieber zur Krankheit. Er ist nicht die Krankheit selbst.«*

Das enge, gierige Herz pocht in jeder Brust und ist die Ursache für viele unserer Probleme. Ist es möglich,

unser Herz zu verändern? Denn um echten Frieden zu erlangen, muss das Herz sich ändern. Genau das bietet Gott an! Er will unser Herz verändern, damit wir den Frieden erreichen können, den er uns schenken will. Jesus sagte:

>>*Meinen Frieden hinterlasse ich euch; meinen Frieden gebe ich euch. Nicht wie die Welt gibt, gebe ich euch.*<< (Johannes 14,27)

Jesus sprach von einem speziellen Frieden: seinem Frieden. Dieser Friede ist ein anderer als der politische Friede. Er ist ein innerer Friede des Herzens, den nur er geben kann. Wie sieht Gottes Frieden aus? Der Friede Gottes führt über das Kreuz. Die tiefe Schuld, die aus dem menschlichen Herzen erwächst, wird von uns genommen. Christus nahm unsere Schuld auf sich und heftete sie ans Kreuz. Christus selbst, der im Gegensatz zu den Menschen ein großes und liebendes Herz hat, nahm unsere Schuld auf sich und starb für uns. Dies ist das Geschenk Gottes an uns. Wer es mit aufrichtigem Herzen annimmt, der erhält Frieden im Leben, im Sterben und in alle Ewigkeit.

Jesus geht mit dem Thema >>Schuld<< ganz anders um als wir Menschen. Wir neigen dazu, Schuld von uns zu weisen und auf andere abzuwälzen. Selten ist jemand bereit, seine Schuld einzugestehen. Auch hier macht sich wieder das enge Herz bemerkbar. Aus der Unfähigkeit, Schuld auf sich zu nehmen, ergibt sich eine wachsende Lawine von Anklagen, die in ihrer vollen Größe Beziehungen zermalmt. Und am Ende will an dem daraus entstandenen Trümmerhaufen niemand mehr Schuld sein. Eine Schuld auf sich zu nehmen, zeigt Charakterstärke, denn aus diesem Schritt ergeben sich Konsequenzen. Die Konsequenz, die Jesus auf sich nahm, war seine Hinrichtung. Er wurde nicht durch eine Laune seiner Zeit umgebracht, sondern weil er mit seinem Tod den Preis für die Schuld aller Menschen vor Gott bezahlte. Jesus wusste dies. Einige seiner Aussagen machen das deutlich.

Der Menschensohn ist nicht gekommen, um sich bedienen zu lassen, sondern um zu dienen und sein Leben als Lösegeld für viele zu geben. (Markus 10,45)

Denn der Menschensohn wird vieles erleiden müssen und von den Ratsältesten, den Hohenpriestern und Gesetzeslehrern verworfen werden. Er wird getötet werden und drei Tage danach auferstehen.
(Lukas 9,22)

Ich bin der gute Hirte. Ein guter Hirte ist bereit, sein Leben für die Schafe einzusetzen als Lösegeld für viele. (Johannes 10,11)

Jesus verändert die Herzen vieler Menschen. Er verspricht denjenigen, die ihn aufnehmen, ein neues Herz. Was wir aus eigener Kraft nicht schaffen, schafft er, wenn wir ihn ins Zentrum unseres Lebens rücken. Er kann uns von Neid, Habgier und Bosheit befreien und unser Herz groß machen. Er ist die Antwort auf die Frage, wie wir unsere Herzen ändern und Frieden erlangen können. Der wahre Friede ist an die Person Jesu gebunden. Wer ihn kennt, wird Frieden haben.

Auch der Heilige Geist versichert uns das, denn er hat in der Schrift gesagt: »Der neue Bund, den ich dann mit ihnen schließen will, wird so aussehen: ›Ich werde ihnen meine Gesetze in Herz und Gewissen schreiben‹, spricht der Herr.« Und dann fährt er fort:

»Nie mehr werde ich an ihre Sünden und ihre Ge-
setzeswidrigkeiten denken.«   *(Hebräer 10,16-17)*

Eine historische Begebenheit wird uns berichtet, in deren Verlauf das enge Herz eines Mannes groß und friedvoll wurde. Dies alles geschah, als Jesus nach Jericho kam. Eine große Menschenmenge scharte sich um ihn und wollte ihn sehen, denn viele hatten schon von dem gehört, der Blinde sehend machte, Kranke heilte und Tote auferweckte. Auch Zachäus, ein reicher Mann, der von Beruf Oberzöllner war, wollte Jesus unbedingt sehen. Zachäus war Jude, und da er als Oberzöllner für die römischen Besatzer Steuern erhob, galt er als Verräter. Der römische Staat zog die Steuern nicht selbst ein, sondern verpachtete die einzelnen Gebiete an Zollpächter (publicani). Zachäus war einer dieser Zollpächter, ein Oberzöllner, der die Steuern durch seine Beamten (Zöllner) eintreiben ließ. Sie lebten von der Differenz zwischen den festgesetzten Tarifen und dem, was sie tatsächlich erhoben. Zachäus war dadurch sehr reich geworden. Deshalb war er bei dem Volk, unter dem er lebte, verhasst und verachtet, hatte er sich doch auf Kosten seiner eigenen Volksgenossen ein Vermögen ergaunert.

Da er klein gewachsen war und eine große Menschenmenge vor ihm stand, hatte er keine Möglichkeit, einen Blick auf Jesus zu werfen. Da lief er ein Stück voraus und kletterte auf einen Maulbeerbaum, an dem die Menschenmenge mit Jesus bald vorbeiziehen würde. Dann konnte er Jesus vorübergehen sehen. Als Jesus tatsächlich an ihm vorbeikam, blickte er auf, sah ihn und sprach ihn direkt mit seinem Namen an: »Zachäus, klettere rasch vom Baum herab, denn heute Abend komme ich zu dir!« Zachäus muss sehr überrascht gewesen sein, und voller Freude nahm er ihn mit nach

Hause. Er hatte wahrscheinlich nicht damit gerechnet, dass Jesus ihn entdecken und persönlich ansprechen würde. Die anderen Menschen jedoch erbosten sich darüber, dass Jesus bei dem gierigen und geizigen Zachäus, einem Sünder, einkehrte. Es dürfte von ihm erwartet worden sein, dass er bei dem Synagogenvorsteher sein Quartier beziehen würde und nicht bei einem Zöllner. Die Entrüstung war groß: »Bei einem ausgemachten Sünder ist er eingekehrt!« Ebendieser Satz, den die braven Bürger von Jericho mit ihrer ganzen moralischen Entrüstung aussprachen, beinhaltet die frohe Botschaft dieser Begebenheit, die Zusammenfassung der Bibel: Gott wendet sich – damals wie heute – Menschen mit einem engen, bösen Herzen zu.

Auch wenn wir uns vor Gott verstecken, sieht er uns und unser Herz. Er möchte es für sich gewinnen und es erneuern. Zachäus wurde durch die Begegnung mit Jesus, dem Sohn Gottes, von Grund auf verändert. Er verstand sich als von Gott angenommen. Dadurch wandelte sich sein Herz. Er war ein ausgekochter Sünder, der viele Menschen »ausgenommen« hatte. Und doch kam Jesus, obwohl er alles über ihn wusste, unvoreingenommen und ohne Vorwürfe zu ihm. Der Sohn Gottes kennt die Herzen aller Menschen. Sobald Zachäus Jesus aufgenommen hatte, begann Gott seine Gesetze in sein Herz zu schreiben. In der Gegenwart von Jesus überkam Zachäus die Reue über sein bisheriges Leben.

Der nach Reichtum strebende Mann gab die Hälfte seines Vermögens den Armen. All jenen, die er betrogen hatte, gab er das Vierfache der Summe, die er unterschlagen hatte, zurück. Das war ein gewaltiger Wandel. Jesus sagte zu ihm: »*Deinem Haus ist Heil widerfahren, denn ich bin gekommen, um die zu suchen und zu retten, die verloren sind*« (s. Lukas 19,1-10).

Wer Jesus in sein Leben kommen lässt, erhält von ihm die Kraft, sich zu ändern. Schlechte Gewohnheiten können überwunden werden. Menschen können frei von Abhängigkeiten, von Alkohol oder Drogen werden. Jesus hilft auch dabei, Geiz, Habgier, Eitelkeit, Streitsucht, Heuchelei hinter uns zu lassen. Jesus rettet Ehen und kann Feinde zu Freunden machen. Jesus macht Menschen ganz neu. Mit ihm setzt ein Prozess der Veränderung ein, der sich über ein gesamtes Menschenleben erstreckt. So wie der kleine Mann in Jericho vor 2000 Jahren neu und frei von Geiz, Geldgier, Machthunger und Rachsucht wurde, so können auch wir heute ein großes, freies und leichtes Herz erlangen. Das ist der Friede, den nur Gott uns schenken kann.

KAPITEL 6

2000 Jahre Jesus

Vor 2000 Jahren wurde in Bethlehem ein Mensch geboren, der wie kein anderer die Weltgeschichte geprägt
hat. Dieser Mann, dessen Leben unter ärmlichsten Bedingungen seinen Anfang nahm, beeinflusste in unver-
gleichlicher Weise Moral, Denken, Kunst und Kultur des Abendlandes. Sein Name ist Jesus. Sein Einfluss hält bis zum heutigen Tage an. Wesentliche Werte
und Inhalte unserer Gesetzgebung und unserer Gesell-
schaftsordnung gehen auf Jesus von Nazareth zurück.
Beispiele hierfür sind Nächstenliebe, Barmherzigkeit
oder Fürsorge für die schwächsten Glieder unserer Gesellschaft. Diese Grundwerte, die sich in staatlichen so-
zialen Auffangnetzen und gemeinnützigen Vereinen
institutionalisiert haben, rühren nicht von unseren ger-
manischen oder keltischen Vorfahren her. Wir nehmen
sie als selbstverständlich hin, aber ein Blick über den
Tellerrand zeigt, dass in all jenen Ländern, in denen
das Christentum nicht Fuß gefasst hat, andere Wertemuster vorherrschen. Ein Beispiel hierfür ist Indien,
ein Land, in dem ca. 200 Millionen »Unberührbare« leben. Das sind Menschen, für die keine soziale Verant-
wortung übernommen wird, weil sie keiner der vier
Hauptkasten (diese sind untergliedert in insgesamt ca.
3000 »Unterkasten«) angehören. Moralische Bedenken
gibt es dabei nicht. Sie werden gesellschaftlich gemie-
den und verrichten Arbeiten, die als unrein angesehen
werden (z.B. als Hebammen, Wäscher, Straßenfeger).
Den Kindern von »Unberührbaren« war lange Zeit kein
Schulbesuch gestattet. Auch wenn der indische Staat
mittlerweile relativ viel für diese Menschen tut, hält

die Ausgrenzung und Diskriminierung in bestimmten Teilen Indiens bis heute an. Der Mann aus Nazareth hat die Moral dieses Landes nicht geprägt, das Wertemuster ist auf anderen Grundlagen errichtet.

Jesus prägte die Welt, obwohl er keine einflussreiche Position hatte. Er wurde in sehr ärmlichen Verhältnissen in einem Stall geboren. Er arbeitete bis zu seinem 30. Lebensjahr als Handwerker und besuchte keine jüdische Bildungsstätte. Trotzdem war er zur Verwunderung der Menschen seiner Zeit gelehrt: »*Wie besitzt dieser Gelehrsamkeit, da er doch nicht gelernt hat?*« (Johannes 7,15).

Jesus bevorzugte nicht die Gemeinschaft mit Reichen und Einflussreichen, er ist nie weit außer Landes gereist und hat kein Buch geschrieben. Er wirkte nur drei Jahre als Wanderprediger und wurde anschließend wie ein Verbrecher hingerichtet. Seine Jünger waren einfache Menschen: Fischer und Handwerker. Wie konnte ein Mann mit diesem Hintergrund die letzten 2000 Jahre prägen wie kein anderer? Wie konnte aus seiner Lehre die zahlenmäßig größte Weltreligion erwachsen? Wenn Jesus ein ganz gewöhnlicher Mensch war, dann kann man den Einfluss, den er auf das Weltgeschehen bis heute hat, nicht erklären.

Beim Lesen seiner Biographie wird ersichtlich, dass Jesus kein gewöhnlicher Mensch war. Er kam nach eigener Aussage aus einer anderen, jenseitigen Welt. »*Ich bin von dem Vater ausgegangen und bin in die Welt gekommen; wiederum verlasse ich die Welt und gehe zum Vater*« (Johannes 16,28).

Jesus kam aus der Gegenwart Gottes zu uns. Er setzte sich über den Zeitgeist und über die Werte seiner Zeit hinweg. Seine Andersartigkeit war positiv. Er gab Rassismus und Diskriminierung keinen Raum. Er behandelte Frauen ebenbürtig, was zu Lebzeiten Jesu eine Ausnahme war und gegen die Konventionen verstieß. Er machte keinen Unterschied im Umgang mit verhassten Minderheiten, wie z.B. den Samaritern, und stand über den Vorurteilen seiner Zeit. Er trat gegen Missstände und gegen die religiöse Oberschicht auf, der er vorwarf, nur zum Schein lange Gebete zu sprechen und das Vermögen der Menschen »aufzufressen«.

Jesus entsprach nicht den Vorstellungen einer Heldenfigur. Die Helden der Juden, Griechen oder Römer hatten keine Ähnlichkeit mit Jesus. Im Gegensatz zu den Juden wurde das griechische Denken und Leben sehr stark von philosophischen Gedanken beeinflusst. Eine verbreitete Denkrichtung der Griechen war die Stoa, deren Anhänger – Stoiker genannt – ihre Gefühle zu unterdrücken versuchten und Leiden und Tod mit ruhiger Gelassenheit entgegentraten. Die Juden wiederum erwarteten einen Messias, der mit militärischer Gewalt und der Hilfe der Engel die politische Herrschaft der Römer beseitigen und Israel befreien würde. Ein Messias hingegen, der sich kreuzigen ließ und für seine Henker betete, ist für die Juden bis zum heutigen Tage unvorstellbar. Lukas, der selbst Grieche war, schildert in seinem Evangelium, dass Jesus weinte und Todesängste ausstand. Jesus war anders als die Idealbilder seiner Zeit, und doch beeinflusste er die Menschheit viel mehr als alle Kaiser und Heeresführer und andere historische Größen.

Die Motivation seines Handelns

Die Motivation und Einzigartigkeit des Handelns Jesu war die Liebe. Er kannte weder Ehrgeiz noch Machthunger, noch das Streben nach Einfluss. Diese waren daher nicht die Triebfedern seines Tuns. Er verglich sich selbst mit einem guten Hirten, der dem verlorenen Schaf nachgeht, bis er es findet und auf seinen Schultern nach Hause trägt. Er weinte über Jerusalem, liebte seine Feinde und empfand gegenüber Kranken, Blinden und leidenden Menschen Mitleid. Als er von seinen Mördern getötet wurde, rief er zu Gott: »*Vater, vergib ihnen, denn sie wissen nicht, was sie tun!*« (Lukas 23,34). Er war gerührt von den Menschenmassen, die kamen, um ihn zu sehen und zu hören. Sein Auftreten war demütig und dienend. Er wusch seinen Jüngern die Füße, während sie sich darum stritten, wer unter ihnen der Größte sei.

Er sagte: »*Auch der Menschensohn ist* **nicht** *gekommen, um sich bedienen zu lassen, sondern um zu dienen und sein Leben als Lösegeld für viele zu geben*« (Markus 10,45).

Er suchte Kontakt zu den Ausgestoßenen und Verachteten der Gesellschaft. Seine Andersartigkeit drückte sich auch darin aus, dass er frei von Sünde war. Sein Charakter war, was für einen Menschen unmöglich ist, vollkommen. Als er seine Gegner fragte: »*Wer von euch kann mich einer Sünde überführen?*«, schwiegen sie (Johannes 8,46). Nicht einmal sie konnten ihm einen Fehltritt zur Last legen. Diese Vollkommenheit zieht bis heute Menschen entweder an oder stößt sie ab. Sogar Petrus sagte, nachdem er Zeuge eines Wunders geworden war und erfasste, mit wem er es zu tun hatte, einmal zu Jesus: »*Geh weg von mir, denn ich bin ein sündiger Mensch!*« (Lukas 5,8).

Die Außergewöhnlichkeit Jesu zeigt sich auch in der Autorität, mit der er sprach. Er bot den Menschen an, ihnen inneren Frieden zu verschaffen: »*Kommt alle zu mir, die ihr euch plagt und unter Lasten stöhnt! Ich werde euch ausruhen lassen*« (Matthäus 11,28).

Die moralischen Grundsätze Jesu sind auch nach 2000 Jahren aktuell. Vor und nach ihm wurde auf dem

Gebiet der Moral nichts Besseres gesagt. Beispiele sind die bedingungslosen Aufrufe zur Nächstenliebe, zur Ehrlichkeit, zur Großzügigkeit oder zur Treue.

Jesu Worte bauen aber nicht nur auf und trösten, sondern fordern oft in höchstem Maße heraus. Er stellt seine Zuhörer in Hinsicht auf seine eigene Person immer wieder vor eine Entscheidung. Er sagte: »*Ich bin der Weg! Ich bin die Wahrheit und das Leben! Zum Vater kommt man nur durch mich*« (Johannes 14,6). Dieser Anspruch ist eine Herausforderung für jeden Einzelnen, weil er bedeutet, dass der Weg zu Gott über Jesus führt. Neutral zu bleiben, ist ausgeschlossen. Lukas berichtet, dass Jesus es einmal so ausdrückte: »*Wer nicht mit mir ist, ist gegen mich!*« (Lukas 11,23). Jesus führt die Menschen zu Gott. Er ist derjenige, durch den wir den unsichtbaren Gott erkennen können, weil Gott ihn zu diesem Zweck gesandt hat. Tatsächlich hat Jesus in einer Weise von Gott gesprochen, wie es nur jemand vermag, der in vertrauter Gemeinschaft mit ihm ist. Die Apostel bezeugten von Jesus, dass er der Einzige war, der Gott je gesehen hatte. Er spricht Gottes Willen in die Welt hinein. Jesus sagte dazu: »*Wer mich gesehen hat, hat den Vater gesehen. Der Vater und ich sind eins*« (Johannes 14,9). Warum hat Jesus so viel vom Vater erzählt? Nicht darum, um in die Geschichte einzugehen, sondern allein deshalb, weil er Menschen für Gott gewinnen wollte. Jesus stellt einen Gott vor, der nicht fern und unnahbar ist, sondern gütig und liebend. Einen Gott, der nicht will, dass eine einzige Seele verloren geht.

Unabhängig vom moralischen Wert und dem daraus resultierenden Nutzen für eine Gesellschaft ergeben alle Reden Jesu keinen Sinn, wenn er nicht der ist, der er zu sein behauptet: der ewige Sohn Gottes, Gott selbst, der Mensch geworden ist. Die jüdischen Schrift-

gelehrten, die diesen Anspruch als Gotteslästerung empfanden, verhörten Jesus:

> *Sie ließen Jesus vorführen und forderten ihn auf: »Wenn du der Messias bist, dann sag es uns!« Jesus erwiderte: »Wenn ich es euch sage, so würdet ihr mir doch nicht glauben, und wenn ich euch frage, antwortet ihr ja nicht. Doch von jetzt an wird der Menschensohn an der rechten Seite des allmächtigen Gottes sitzen.« Da riefen sie alle: »Dann bist du also der Sohn Gottes?« »Ihr sagt es«, erwiderte er, »ich bin es.«* (Lukas 22,67-70)

Drei Evangelisten hielten die Aussage von Jesus fest: »*Himmel und Erde werden vergehen, aber meine Worte werden nicht vergehen*« (s. Matthäus 5,18; Matthäus 24,35; Markus 13,31; Lukas 16,17; Lukas 21,33).

Für viele Menschen ist der Anspruch Jesu, Gottes Sohn zu sein, schwere Kost. Ist er es jedoch nicht, wäre der Glaube an ihn nicht gerechtfertigt. Jesus hat uns nicht in unseren Zweifeln und Mutmaßungen allein gelassen. Er hat konkrete Zeichen gesetzt, damit wir sowohl mit unserem Verstand als auch mit unserem Herzen an ihn glauben können.

Anhaltspunkte für einen Glauben an Jesus

Jesus kam nicht unerwartet. Seit Anbeginn der Menschheit stand die Verheißung Gottes fest, dass eines Tages der Erlöser kommen werde. Gott würde sein Volk in der Person des Sohnes selbst besuchen. Um den Sohn Gottes erkennen zu können, wurden schon Jahrhunderte vor Jesu Geburt Details über sein Leben in den jüdischen Schriften des Alten Testaments angekündigt. Diese liefern ein sehr genaues Bild von dem Messias, damit er ohne weiteres von jedem identifiziert und jede Verwechslung ausgeschlossen werden kann. Aufgrund dieser alttestamentlichen Verheißungen erwartete man zur Zeit Jesu die Ankunft des Messias. Einige Prophezeiungen seien hier erwähnt: Es wurde prophezeit, dass die Geburt Jesu in übernatürlicher Weise durch eine Jungfrau erfolgen werde. Der Prophet Jesaja schrieb dazu 750 Jahre vor Christus:

Der Herr selbst wird euch ein Zeichen geben: Siehe, die Jungfrau wird schwanger werden und einen Sohn gebären, und wird seinen Namen Immanuel (Gott ist mit uns) heißen. (Jesaja 7,14)

Darüber hinaus finden wir in den Büchern des Alten Testaments viele Einzelheiten über seinen Tod, sein Leiden, den Verrat durch Judas, die Kreuzigung, das Verteilen und Verlosen der Kleider, sein Grab und seine Auferstehung von den Toten. All diese Prophezeiungen haben sich im Leben Jesu erfüllt und ermöglichen uns zu erkennen, dass Jesus der ist, der er zu sein behauptet. Jesus ist der einzige Mensch, dessen Leben schon Jahrhunderte vor seiner Geburt schriftlich angedeutet und in vieler Hinsicht beschrieben wurde. Er ist der Einzige, dessen Leib nicht im Grab blieb, sondern der auferstanden ist. Er ist aus dem Jenseits zu uns gekommen, lebte 33 Jahre auf unserer Erde und kehrte nach seiner Auferstehung wieder zu Gott zurück.

Die Apostel selbst waren kritisch und erkannten erst nach und nach, dass Jesus wirklich derjenige ist, von dem das Alte Testament spricht. Nachdem er ihnen nach seiner Auferstehung erschienen war, waren sie schließlich so sehr davon überzeugt, dass sie lieber den Tod in Kauf nahmen, als ihn zu verleugnen. Zehn seiner Jünger wurden deshalb ermordet. Sie hatten keine Vorteile davon, die Auferstehung Jesu bekannt zu machen, wie immer wieder behauptet wird – nein, sie hatten die Auferstehung erlebt und konnten nicht anders, als diese Botschaft zu verbreiten, auch wenn sie ihnen den Tod brachte.

Ein Anhaltspunkt für die Glaubwürdigkeit Jesu für die Menschen seiner Zeit waren seine Wunder. Damals wie heute glaub(t)en die Menschen nicht an Wunder wie z.B. an die Auferweckung von den Toten. Das Auftreten Jesu jedoch war, wie vorangekündigt, von zahlreichen einzigartigen Wundern begleitet. Jesus weckte Tote auf, er heilte Blinde, Leprakranke, Stumme, Taube, Gelähmte – und das in großer Zahl. Der Zeitzeuge Johannes schrieb: »Würde alles aufgeschrieben, was Jesus tat, so könnte die Welt die Bücher nicht fassen« (Johannes 21,25).

Vielen Menschen fällt es heute schwer, an Wunder zu glauben. Die Menschen, die Jesus damals in ihrem Leben erlebten, hatten es insofern einfacher, als sie sein Wirken mit eigenen Augen sahen. Die Tatsache der Wunder ist nicht eine Frage an die Naturwissenschaft oder an unsere Vorstellungskraft, sondern an die Geschichte. Zahlreiche Augenzeugenberichte liegen vor, und selbst für die Feinde Jesu und nichtchristliche Schriftsteller waren die Wunder, die Jesus wirkte, Fakten. Sie wussten davon, hatten sie selbst gesehen, davon gehört, mit Geheilten gesprochen. Dass die Wunder oder Zeichen, wie Jesus sie nannte, von den jüdischen Leitern nicht geleugnet wurden, ist insofern von Interesse, als diese dem aufkeimenden Christentum gegenüber feindlich gesinnt waren und mit allen Mitteln versuchten, diese neue Bewegung zu unterbinden. Trotzdem waren sie gezwungen, die Wunder als geschehen anzuerkennen. Ein jüdischer Hoherpriester sagte zum Hohen Rat: »Dieser Mensch tut viele Wun-

der« (Johannes 11,47). Hätte man sie widerlegen können, dann hätten die Gegner von Jesus dies auch sicher getan. Offensichtlich war das nicht möglich.

Die Evangelien berichten von konkreten Fällen der Auferweckung von Toten. Einmal rief Jesus die zwölfjährige Tochter des Synagogenvorstehers Jairus ins Leben zurück. Sie war dessen einzige Tochter, und ihr Tod war eine schreckliche Tragödie im Leben dieser Familie. Jesus hatte Mitleid mit der Familie und erweckte die Tochter wieder zum Leben. In der Stadt Nain weckte Jesus während einer Begräbnisfeier einen jungen Mann von den Toten auf. Man kann davon ausgehen, dass dieses Erlebnis für alle Menschen, die an dem Begräbnis teilnahmen, ein Ereignis war, das ihr Leben nachhaltig prägte. Besonders wenn man bedenkt, dass die Auferweckten selbst möglicherweise noch 50, 60 oder sogar 70 Jahre, nachdem Jesus sie aus den Toten auferweckt hatte, gelebt haben und von den Menschen gesehen bzw. befragt werden konnten.

Jesus vollbrachte Tausende Heilungen und Wunder. Was wollte er mit seinen Wundern bewirken? Zum einen war er voller Liebe und wollte die Menschen von ihrem Leid befreien, zum anderen bestätigten sie seine Identität. Jeder kann von sich behaupten, der Sohn Gottes zu sein. Niemand jedoch kann solche Wunder wirken, es sei denn, sie kommen tatsächlich von Gott. Stellen wir uns vor, Gott würde uns eines Tages auf Erden besuchen. Würden wir nicht solche Wunder von ihm erwarten? Jesus untermauerte durch seine Wunder die Aussagen, die er über sich selbst machte, und bestätigte somit seine Glaubwürdigkeit gegenüber seinen Zeitgenossen.

Jesus tat vor den Augen seiner Jünger noch viele andere Wunderzeichen, die aber nicht in diesem Buch

aufgeschrieben sind. Was hier berichtet ist, wurde aufgeschrieben, damit ihr glaubt, dass Jesus der Messias ist, der Sohn Gottes, und damit ihr durch den Glauben in seinem Namen das Leben habt.

(Johannes 20,30-31)

Jesus stellte gewaltige Behauptungen über seine Person und über das, was er im Leben eines Menschen bewirken kann, auf. So sagte er zum Beispiel: *»Ich bin die Auferstehung und das Leben. Wer an mich glaubt, wird leben, auch wenn er gestorben ist«* (Johannes 11,25). Diese Behauptung unterstrich er mit Wundern. Nachdem er dies gesagt hatte, ging er zum Friedhof und rief Lazarus aus seinem Grab heraus, in dem er bereits seit vier Tagen als Toter lag. Lazarus kam heraus, und man kann sich vorstellen, welchen Schrecken dies verursachte. Weiter sagte Jesus: *»Ich bin das Brot des Lebens. Wer zu mir kommt, wird nicht hungern, und wer an mich glaubt, den wird nie mehr dürsten«* (Johannes 6,35). Diese Worte hatten viel Gewicht, denn kurz zuvor hatte er mit fünf Broten und zwei Fischen 5000 Familien gesättigt. Als er einem Gelähmten die Vergebung seiner Sünden zusagte, warfen ihm die jüdischen Gelehrten vor, Gott zu lästern. Jesus antwortete darauf:

Ist es leichter, zu einem Gelähmten zu sagen: »Deine Sünden sind dir vergeben«, oder »Steh auf, nimm deine Matte und geh umher«? (Markus 2,9)

»Doch ihr sollt sehen, dass der Menschensohn die Vollmacht hat, hier auf der Erde Sünden zu vergeben!« Dann wandte er sich zu dem Gelähmten und sagte: *»Ich befehle dir: Steh auf, nimm deine Trage und geh nach Hause!«* Sofort stand der Mann auf, nahm vor aller Augen die Trage, auf der er gelegen

hatte, und ging nach Hause. Dabei pries er Gott un-
aufhörlich. (Lukas 5,24)

Der Mann stand auf und ging nach Hause. Er war
geheilt, und seine Sünden waren ihm vergeben. Jesus
vergibt auch heute noch unsere Sünden, damit wir am
Tag unseres Todes vor Gott ohne Sünde stehen können.
Seine einzigartigen Aussagen darüber erhalten durch
die Wunder ein gewaltiges Gewicht für unser Gewissen.

Jesus verwendete seine Wunder dazu, den Glauben
an ihn, den Sohn Gottes, zu bewirken. Dieser Glaube ist der Weg zu ewigem Leben und ewiger Gemeinschaft mit Gott. Jesus ist der Schlüssel zu Gott. Er sagt:
»Ich bin der Weg, die Wahrheit und das Leben. Niemand
kommt zum Vater als durch mich.« Er möchte jeden zu seinem Vater führen. Er kam aus der Gegenwart Gottes
in unsere traurige und hasserfüllte Welt und lebte hier
ein vollkommenes Leben. Er verkündigte die frohe
Botschaft, dass wir, wenn wir an ihn glauben, ewiges
Leben erhalten, also in ewiger Gemeinschaft mit Gott
sein werden. Jesus kam, um uns die Hoffnung auf den
Himmel zu geben. Nach seiner Auferstehung kehrte er
zu Gott zurück und ruft uns heute auf, ihm dorthin zu
folgen.

Meine Schafe hören auf meine Stimme. Ich kenne sie,
sie folgen mir und ich gebe ihnen das ewige Leben. Sie
werden niemals verloren gehen, und niemand wird
sie mir entreißen. (Johannes 10,27-28)

Jesus ist nicht nur ein moralisches Vorbild. Es gilt
auch, ihn als den zu erkennen, der aus Gottes Gegenwart zu uns kam, um uns zu sich zu rufen. Die sichtbare Welt ist nicht die einzige Wirklichkeit und nicht

unsere letzte Heimat. Jesus möchte, dass wir ihm vertrauen. Dieses Vertrauen entsteht, indem wir ihm einen Platz in unserem Herzen geben und seine Worte ausleben. Für Millionen von Menschen auf dieser Erde ist dies tatsächlich gelebte Realität. Es kommt die Stunde, in der man nichts anderes mehr braucht als Jesus Christus. Das ist die Stunde des Todes. Solange wir mitten im Leben stehen, sind wir durch viele Dinge abgelenkt, aber am Ende unserer Tage wird alles andere unwichtig, und wir brauchen nur noch ihn, Jesus Christus, den Herrn, der gekommen ist, um uns zu erlösen.

KAPITEL 7

Das Kreuz

Das Kreuz ist eines jener Symbole, deren Bedeutung sich im Laufe der Geschichte von Grund auf gewandelt hat. In der antiken Welt war das Kreuz ein Symbol des Schreckens und eines der grausamsten Folter- und Todeswerkzeuge, die sich der Mensch je in seiner Rohheit erdacht hat. Die Römer übernahmen den Kreuzestod als Exekutionsmethode von den Karthagern, die die gerichteten Verbrecher aufhängten, weil sie die Erde für heilig befanden. Der Kreuzestod war für die schlimmsten Gewaltverbrecher, römische Staatsfeinde oder Sklaven vorgesehen und mit vielen Torturen verknüpft. Der zum Kreuzestod Verurteilte wurde zunächst mit einer mit spitzen Gegenständen versehenen Geißel ausgepeitscht und dann dazu gezwungen, den Querbalken des Kreuzes unter öffentlicher Verspottung zu seiner Hinrichtungsstätte zu tragen. An dem Ort der Vollstreckung wurden dem Todgeweihten die Kleider vom Leib gerissen und diese unter das Hinrichtungskommando verteilt. Die Henker trieben dem Nackten die Nägel durch die Handgelenke. Die Verletzungen, die dabei an den Nerven entstanden, verursachten entsetzliche Qualen. In die übereinandergelegten Füße wurde ebenso ein langer Nagel getrieben. Durch diese Hängelage ergab sich große Atemnot, und der Gekreuzigte konnte dem Erstickungstod nur vorübergehend entgehen, indem er sich, gestützt durch den Nagel, der durch seine Füße getrieben war, hochstemmte. In abwechselndem Heben und Senken des Körpers vollzog sich dann der Todeskampf. Um diesen abzukürzen, hackten die Henker in einem Akt von

Barmherzigkeit den Verurteilten manchmal die Unterschenkel ab. Das Kreuz war ein schreckenumwobenes Folterwerkzeug, und Menschen der antiken Welt hätten es ebenso wenig als ein Schmuckstück um den Hals getragen, wie es heute religiöse Menschen mit dem Bild eines elektrischen Stuhls tun würden *(siehe Rienecker, Lexikon zur Bibel, R. Brockhaus Verlag Wuppertal)*.

Heute ruft das Kreuz fast ausschließlich den Gedanken an Jesus von Nazareth hervor. Dieser unschuldige Mann, der nur Gutes getan hatte, wurde an ihm hingerichtet. Der Prozess, der seiner Verurteilung voranging, sowie die Hinrichtung Jesu Christi sind geschichtliche Ereignisse, die so gut wie kaum ein anderes Geschehen dokumentiert wurden und tiefe Spuren hinterlassen haben. Das Kreuz hat sich in Kunst, Kultur und Brauchtum verankert und spielt darin immer noch eine große Rolle. Das einst blutige Schreckenssymbol hat sich für Millionen von Menschen in ein Symbol der Hoffnung verwandelt. Aber wie viel wissen wir tatsächlich von seiner Bedeutung? Warum spielt die Ermordung des jüdischen Messias am Kreuz für Christen eine so große Rolle? Kann uns ein Todesinstrument Hoffnung geben?

Wir können dieser Frage auf den Grund gehen, indem wir die Zeit zurückdrehen und jene Ereignisse, die sich um die Ermordung Jesu von Nazareth abspielten, Revue passieren lassen. Die Evangelien liefern ein genaues Bild der Verurteilung und Kreuzigung Jesu. Nahezu die Hälfte der Evangelienberichte konzentriert sich auf die Ereignisse, die rund um seinen Tod stattfanden.

Jesus, der Mann, der die Liebe gepredigt hat, wurde von manchen Menschen gehasst. Die geistliche Oberschicht des antiken Israel, vor allem die jüdischen Gesetzesgelehrten, sahen in Jesus eine Bedrohung ihrer

Lehre und ihrer religiösen Sonderstellung. Seine Aussage, dass er der Sohn Gottes sei, war für sie eine solche Provokation, dass sie ihn umbringen wollten. Deshalb brachten sie ihn vor ihr jüdisches Gericht und führten mehrere Schauprozesse durch, in deren Rahmen sie falsche Zeugen einberiefen, um Jesus fiktive Fehltritte zur Last zu legen. Jesus selbst schwieg während der Prozesse. Die Zeugen, die man gekauft hatte, verwickelten sich in Widersprüche, sodass ihre Aussagen derart voneinander abwichen, dass sie nicht beweiskräftig waren. Die Beweisführung brach daher zusammen, obwohl der Angeklagte noch kein einziges Wort zu seiner Verteidigung gesprochen hatte. Das Gericht geriet in Verlegenheit. Kajaphas, der Hohepriester und somit oberster Richter, verlor die Nerven und befragte entgegen der Gerichtsordnung Jesus persönlich. Er erhielt keine Antwort. Nun griff Kajaphas zu folgender List. Er fragte Jesus: »*Bist du der Messias, der Sohn des lebendigen Gottes?*« Jesus antwortete zum ersten Mal: »*Ich bin es.*« Als Reaktion darauf zerriss der Hohepriester aus Empörung und Zeichen des Entsetzens seine Kleider. Alle anderen Richter taten es ihm gleich. Die Richter traten zusammen und verurteilten den Angeklagten einstimmig wegen Gotteslästerung zum Tode. Die Evangelienberichte machen deutlich, dass Jesus nicht wegen irgendeiner Tat verurteilt wurde, sondern aufgrund dessen, was er war: der Sohn Gottes.

Um Jesus nach damaligem Recht töten zu können, war es notwendig, das Urteil des Hohen Rates vom amtierenden römischen Statthalter Pilatus bestätigen zu lassen. Um diese Bestätigung zu erhalten, bezichtigten die jüdischen Richter Jesus des Hochverrats und der Aufwiegelung des Volkes gegen die Römer. Pilatus zögerte und beschloss, den Fall persönlich aufzunehmen. Es ist wahrscheinlich, dass sein Handeln von

seiner Frau, Claudia Procula, der Enkelin von Augustus, beeinflusst war. Diese riet ihm, er solle sich im Fall des gerechten Jesus keine Schuld aufladen. Pilatus verhörte Jesus selbst und begab sich damit auf gefährliches politisches Terrain, weil er sich auf einen Machtkampf mit Kajaphas, dem Obersten der Juden, einließ. Auch in diesem Prozess sprach Jesus kein Wort zu seiner Verteidigung. Pilatus konnte keine Schuld erkennen. »Ich finde keinerlei Schuld an ihm.« Pilatus geriet in einen inneren Konflikt. Jesus war unschuldig, gleichzeitig war es seine Aufgabe, die öffentliche Ordnung sicherzustellen. Sollte er Jesus freisprechen, war mit einem Volksaufstand der Juden zu rechnen. Die politischen Erwägungen bewogen ihn schließlich dazu, Jesus den Juden zur Kreuzigung zu überlassen.

Als die Hohenpriester und ihre Leute Jesus erblickten, schrien sie: »Kreuzigen! Kreuzigen!« »Nehmt ihn doch selbst und kreuzigt ihn!«, rief Pilatus. »Ich jedenfalls finde keine Schuld an ihm!« (Johannes 19,6)

So wurde Jesus abgeführt und auf grausame Weise hingerichtet.

Der Bericht macht auch deutlich, dass die Drahtzieher dieses Justizmordes Jesus nicht zum Tod hätten verurteilen können, wenn er selbst es nicht zugelassen hätte. Jesus verteidigte sich nicht. Wie Matthäus berichtet, wusste Jesus lange Zeit vor seiner Verurteilung, dass er getötet werden würde. Er sprach zu seinen Jüngern:

»Der Menschensohn wird den Händen von Menschen ausgeliefert werden, und die werden ihn töten. Doch drei Tage danach wird er auferstehen.« Da wurden die Jünger sehr traurig.   (Matthäus 17,22-23)

Am Kreuz zeigte sich der Hass, die Ablehnung und die Gleichgültigkeit des Menschen Gott gegenüber. Bis heute richtet sich der Mensch oft ein Leben ohne Gott oder ein Leben mit einem selbst gebastelten Gott ein. Gott wird von vielen Menschen erst dann angerufen, wenn Nöte vorherrschen, sonst begegnet man ihm mit Gleichgültigkeit. Nicht seine Regeln bestimmen unser Leben, sondern wir bestimmen unsere Regeln. Sehr oft rebellieren wir in unseren Herzen gegen Gott durch Ablehnung, Verneinung, meist aber durch Gleichgültigkeit.

Die Hinrichtung Jesu war ein wesentlicher Teil von Gottes Plan. Seine widerstandslose Gefangennahme unterstreicht, dass er sich freiwillig den Menschen auslieferte. Johannes berichtet über die Festnahme Folgendes:

Jesus wusste, was nun mit ihm geschehen würde, und ging ihnen bis vor den Eingang des Gartens entgegen.
»Wen sucht ihr?«, fragte er sie. »Jesus von Nazareth«, gaben sie ihm zur Antwort. »Ich bin es«, sagte er. Der Verräter Judas stand bei ihnen. Als nun Jesus zu ihnen sagte: »Ich bin's«, wichen sie zurück und fielen zu Boden. Da fragte er sie noch einmal: »Wen sucht ihr?« »Jesus von Nazareth«, antworteten sie wieder. »Ich habe euch doch gesagt, dass ich es bin«, entgegnete Jesus. »Wenn ihr also mich sucht, dann lasst diese hier gehen.« So sollte sich das Wort erfüllen, dass Jesus selbst gesagt hatte: »Von denen, die du mir gegeben hast, habe ich keinen verloren.«
Plötzlich zog Simon Petrus das Schwert, das er bei sich hatte, und hieb damit auf den Sklaven des Hohenpriesters ein. Dabei schlug er ihm das rechte Ohr ab. Der Mann hieß Malchus. »Steck das Schwert weg!«,

befahl Jesus seinem Jünger. »Soll ich den Kelch etwa
nicht austrinken, den mir der Vater gegeben hat?«
(Johannes 18,4-11)

Diese Aussage Jesu verdeutlicht, dass die Verhaftung und alles, was anschließend geschah, das Schicksal war, das Gott Jesus zugedacht hatte. Jesus tat nichts, um seine Bestimmung von sich abzuwenden. Was war nun der Sinn dieser grausamen Ermordung? Jesus sagte schon vorher, dass er sein Leben als Lösegeld für viele geben würde. Er bezeichnete sich als der gute Hirte, der sein Leben für die Schafe lässt. Die Schafe sind wir Menschen. Warum jedoch musste Jesus für uns sterben? Jesus starb stellvertretend für unsere Sünden. Dieser Satz wird oft gesprochen, doch selten in seiner ganzen Bedeutung erfasst. Er starb für unsere Sünden, weil wir nach dem Maßstab Gottes ausnahmslos Sünder sind.

Da ist kein Unterschied, denn alle haben gesündigt
und die Herrlichkeit Gottes verloren. (Römer 3,23)

Wir alle verfehlen den rechten Weg. Die moralische Kluft zwischen Gott und dem Menschen ist groß. Auch wenn wir unsere Sünden und Fehltritte oft als Kavaliersdelikte und menschliche Ausrutscher betrachten, so übertreten wir mit ihnen trotzdem jedes Mal Gottes Maßstäbe. Vielleicht übertreten wir nicht die Maßstäbe der Welt, aber die Maßstäbe Gottes in jedem Fall. Gott selbst ist heilig und rein, und in seiner Gegenwart hat weder Lüge noch Hass, Neid, Zorn, Verachtung oder Gewalt Platz. Gottes Gerechtigkeit verlangt die Bestrafung von Sünde und den Ausschluss von Sünde aus seiner Gegenwart. Würde Gott Sünden einfach übersehen, wäre er nicht gerecht. Aus eigener Kraft hat kein

Sünder die Möglichkeit, seine Sünden ungeschehen zu machen. Jesu Tod am Kreuz ist nach Gottes Plan die Brücke zu ihm selbst. Er will ewige Gemeinschaft mit uns haben. Durch Jesus kommen wir zum Vater. Jesus sagte dazu:

>*Ich bin der Weg! Ich bin die Wahrheit und das Leben! Zum Vater kommt man nur durch mich.*«
(Johannes 14,6)

Gott kennt alle Herzen, und es gibt keinen Menschen ohne Sünde. Jesus wurde von Gott stellvertretend für unsere Sünden bestraft. Dieses Prinzip der Stellvertretung war bereits in den jüdischen Riten verankert, nach denen ein unschuldiges Lamm geopfert werden musste, um die Sünden des Volkes vor Gott zuzudecken. Ein unschuldiges Tier ließ das Leben für die Schuldigen. Die Bibel bezeichnet Jesus als das Lamm Gottes, das die Sünden der Welt vor Gott auf sich nimmt. Als Jesus am Kreuz hing, lud Gott die Sünden der Menschheit auf ihn. Verschiedene Zeitzeugen berichten von einer Finsternis, die am helllichten Tage hereinbrach. Gott kleidete den Himmel in Schwarz, als er mit seinem Sohn wegen der Sünden von uns Menschen ins Gericht ging. Jesu letzte Worte am Kreuz waren: »Es ist vollbracht!« Das griechische Wort hierfür lautet »TETELESTAI«, ein Begriff aus der Finanzwelt, der bedeutet: »Die Schuld ist beglichen, völlig bezahlt.« Jesus hat unsere Schuld Gott gegenüber völlig bezahlt. Was dann geschah, erschütterte die Menschen jener Zeit. Der Vorhang im jüdischen Tempel, der den Zweck hatte, den Weg zum Allerheiligsten – zu Gott – vor den Menschen abzuschirmen und nur ausgewählten Priestern zu ermöglichen, riss entzwei. Dieser Vorhang war von so großem Gewicht, dass 200 Männer ihn tragen mussten. Mit einem lauten Schall riss er entzwei, nachdem Jesus diese letzten Worte gesprochen hatte. Der Weg zu Gott ist seitdem für alle offen. Jesus hat ihn für uns frei gemacht, er hat die Kluft der Sünde überbrückt.

Der Prophet Jesaja schrieb ca. 750 Jahre vor Christus über die Kreuzigung Jesu:

> *Verachtet war er und verlassen von den Menschen, ein Mann der Schmerzen und mit Krankheit vertraut; wie einer, vor dem man das Angesicht verbirgt, so verachtet war er, und wir achteten seiner nicht.*
>
> *Doch wahrlich, unsere Krankheit trug er, und unsere Schmerzen lud er auf sich; wir aber hielten ihn für bestraft, von Gott geschlagen und geplagt; aber er wurde durchbohrt um unserer Übertretung willen, zerschlagen wegen unserer Missetat; die Strafe, uns zum Frieden, lag auf ihm, und durch seine Wunden sind wir geheilt.*
>
> *Wir gingen alle in der Irre wie Schafe, ein jeder wandte sich auf seinen Weg; aber der HERR warf unser aller Schuld auf ihn.*   *(Jesaja 53,3-6)*

Jesus hat bezahlt. Gott wird jeden Sünder begnadigen, der sich auf den beruft, der für die Sünden der Menschen gezahlt hat. Und Jesus kennt all seine Schafe und ist daran interessiert, die verlorenen Schafe auf seinen Schultern heimzutragen.

> *Doch allen, die ihn aufnahmen und an seinen Namen glaubten, gab er das Recht, Kinder Gottes zu werden.*   *(Johannes 1,12)*

> *Und was bedeutet das für uns? Es besagt: Gott hat uns ewiges Leben geschenkt, denn dieses Leben be-*

*kommen wir durch seinen Sohn. Wer mit dem Sohn
verbunden ist, hat das Leben. Wer nicht mit dem
Sohn Gottes verbunden ist, hat das Leben nicht.
Ich habe euch das alles geschrieben, damit ihr wisst,
dass ihr das ewige Leben habt, denn ihr glaubt ja an
den Sohn Gottes.* (1. Johannes 5,11-13)

»Den Sohn haben« oder »mit dem Sohn verbunden sein« bedeutet, Jesus in seinem Herzen aufzunehmen, an Jesus zu glauben und ihm zu vertrauen, dass
er uns zu Gott führt. Die Erkenntnis, dass wir aus eigener Kraft mit unseren Fehltritten nicht vor Gott bestehen können, ist entscheidend für unser Leben jetzt und
in der Ewigkeit. Gott erwartet diese Einsicht von uns.
Dadurch erhalten wir das Recht, Gottes Kinder zu werden. Dies ist die frohe Botschaft des Kreuzes, dies ist
der Grund, warum aus dem einstigen Foltersymbol ein
Symbol der Hoffnung auf ewiges Leben wurde. Durch
Jesus hat jeder Mensch die Chance, Vergebung vor Gott
zu finden. Vergebung brauchen nicht nur Mörder, Kin-
derschänder und Betrüger – wir alle brauchen sie.

Lukas berichtet in seinem Evangelium, wie ein
Schwerverbrecher noch kurz vor seinem Tod Vergebung
erhalten hat. Als Jesus unter schrecklichen Schmerzen
und umringt von spöttischen Schaulustigen am Kreuz
hing, wurden links und rechts von ihm zwei Schwerverbrecher auf dieselbe Weise hingerichtet. Diese Männer hatten schreckliche Taten begangen und fanden
sich nun in einer verzweifelten und ausweglosen Situation. Hinter ihnen lag ein gescheitertes Leben, vor
ihnen ein unfreiwilliges, qualvolles Ende. Die Frustra-
tion über ihre Lage äußerte sich dadurch, dass sie – mit
dem Tod ringend – zu fluchen begannen. Jesus jedoch
ertrug die Leiden und den Spott, der sich auf ihn kon-
zentrierte, still. Das provozierte die Schwerverbrecher,

und sie richteten ihren verzweifelten Zorn auf Jesus. Die Schaulustigen spotteten und forderten Jesus auf, vom Kreuz zu steigen:

> »Andere hat er gerettet«, riefen sie, »sich selbst kann er nicht retten! Er ist ja der König von Israel. Soll er doch jetzt vom Kreuz herabsteigen, dann werden wir an ihn glauben!«　　　　　　　(Matthäus 27,42)

Jesus aber bat Gott, diesen unwissenden Menschen zu vergeben. In diesem absoluten Ausnahmezustand, in dem sich der Todeskampf mit starken Emotionen vermischte, handelte Jesus außergewöhnlich. Selbst am Kreuz liebte er die Menschen. Das traf einen der gekreuzigten Verbrecher so sehr, dass er nicht anders konnte, als sich vor der spottenden Schar auf die Seite von Jesus zu stellen.

> Einer der beiden Verbrecher höhnte: »Bist du nun der Messias oder nicht? Dann hilf dir selbst und uns auch!«
> Doch der andere fuhr ihn an: »Nimmst du Gott immer noch nicht ernst? Du bist doch genauso zum Tod verurteilt wie er, aber du bist es mit Recht! Wir beide bekommen den Lohn für das, was wir getan haben, aber der da hat nichts Unrechtes getan.«
> 　　　　　　　　　　　　　　(Lukas 23,39-41)

Am Kreuz mit dem Tod ringend, empfand er Reue für seine Taten und gestand sich ein, dass er seine Strafe zu Recht erhielt. An der Schwelle zur Ewigkeit erkannte er, dass er in Jesus Gott vor sich hatte und in seiner Sünde nicht vor ihm bestehen konnte. Nun wandte er sich an ihn und betete zu ihm: »Gedenke meiner, wenn du in dein Reich kommst!« (Lukas 23,42). Jesus antwortete dem bußfertigen Verbrecher: »*Ich versichere dir: Heute noch wirst du mit mir im Paradies sein*« (Lukas 23,43).

Dem Verbrecher war vergeben. Mit dieser Verheißung konnte er ungeachtet der Schande und der Schmerzen in Frieden in die andere Welt hinübergehen. Er hatte kurz vor seinem Tod Frieden mit Gott gefunden. Das ist erstaunlich, wenn man bedenkt, welches Leben dieser Mensch geführt hatte. Durch die Bekehrung zu Gott wurde ihm sogar in dem Augenblick vergeben, in dem er nichts mehr selbst tun konnte, um seine Schuld wiedergutzumachen.

Für Gott zählt nicht unsere Vergangenheit, sondern unser Vertrauen und unser Glaube an ihn. Jesus versprach dem Verbrecher am Kreuz neben ihm ohne Aufschub und Läuterung das Paradies. Dieses Versprechen gilt auch heute. Wir kennen weder Tag noch Stunde, die uns die Abberufung von dieser unsicheren Welt bringt. Daher sollte sich jeder Mensch die Frage stellen: »Wo ginge ich hin, wenn meine Seele heute Nacht von mir genommen würde?« Das Evangelium sagt, dass niemand in dieser Sache im Ungewissen bleiben muss. »*Wer den Namen des Herrn anruft, wird errettet werden*« (Römer 10,13).

Wer sich in dieser Weise ganz persönlich an Jesus wendet, der kann heute schon wissen, dass er nach seinem Ableben für immer in Gottes Gegenwart sein wird. Die Grundlage für dieses Versprechen ist der Tod Jesu am Kreuz. Dass Gott Jesu stellvertretendes Opfer für unsere Sünden angenommen hat, zeigt sich in der Auferstehung Jesu. Die Strafe für die Sünde, der Tod, wurde überwunden. Durch Jesus können wir ewiges Leben und ewige Gemeinschaft mit Gott haben.

KAPITEL 8

Gerecht vor Gott

Im Himmel muss es wunderbar sein. Wer möchte nicht in den Himmel kommen? Und haben wir uns ihn – ehrlich gesagt – nicht auch redlich verdient? Der Refrain eines Schlagers bringt dieses Denken auf den Punkt:

Wir kommen alle, alle, alle in den Himmel,
/: Weil wir so brav sind, :/
Das sieht selbst der Petrus ein,
Er sagt: »Ich lass gern euch rein,
Ihr wart auf Erden schon
Die reinsten Engelein!«

Wir kommen alle in den Himmel? Es muss so sein, weil wir brave Bürger(innen) und gute Menschen sind. Dieses Denkmuster ist häufig anzutreffen. Wir haben uns nichts vorzuwerfen. Wenn wir nicht in den Himmel kommen, wer dann? Eine amerikanische Studie zum Thema Himmel zeigt, dass 77% aller Befragten glauben, dass es einen Himmel gibt. 76% – und somit fast alle an den Himmel glaubenden Personen – sind der Meinung, dass sie gute Chancen haben, eines Tages dorthin zu gelangen. Die Mehrheit der Menschen begeht keine Kapitalverbrechen und versucht ein gutes Leben zu führen. Ist dies die Eintrittskarte für den Himmel? Wir Menschen tendieren dazu, dies zu bejahen. Jesus war in diesem Punkt anderer Meinung. Menschen, die davon ausgingen, dass sie vor Gott gerecht seien und in den Himmel kommen würden, erzählte Jesus ein Gleichnis, aus dem hervorgeht, wer nach dem Maßstab Gottes als gerecht gilt und erwarten kann, ins himmlische Reich aufgenommen zu werden (vgl. Lukas 18,9-14).

Das Gleichnis handelt von zwei Menschen, die zum jüdischen Tempel in Jerusalem gingen, um zu beten. Der Tempel war das einzige große Heiligtum der Juden, der Wohnort Gottes auf Erden. Zahlreiche Juden pilgerten dorthin, um in der Gegenwart Gottes zu sein und zu ihm zu beten.

Unter ihnen waren zwei Männer, die von ihrer Prägung nicht gegensätzlicher hätten sein können. Der eine war ein Pharisäer, ein sehr angesehener Mann und Vertreter einer der strengsten religiösen Gruppierungen des Judentums. Er führte nach jüdischen Maßstäben ein anständiges Leben unter Einhaltung aller religiösen Vorschriften. Der andere war ein Zöllner, ein Steuereintreiber, der sich mit den römischen Besatzern verbündet hatte, seine Volksgenossen um ihr Geld brachte und aus der Synagoge (dem jüdischen Gotteshaus) ausgeschlossen war. Der Begriff »Zöllner« kam einem Schimpfwort gleich. So jemand hatte aus damaliger Sicht nichts im Heiligtum zu suchen. Beide Männer beteten nun zu Gott. Der Pharisäer trat hervor und sprach in der damals üblichen Gebetshaltung mit offenen Armen und mit einem zum Himmel gerichteten Gesicht folgendes Gebet:

> »Ich danke dir, Gott, dass ich nicht so bin wie die anderen Menschen, all diese Räuber, Betrüger, Ehebrecher oder wie dieser Zolleinnehmer dort. Ich faste zweimal in der Woche und gebe den Zehnten von all meinen Einkünften.« (Lukas 18,11-12)

Anders ausgedrückt lautete sein Gebet: »Gott, ich danke dir, dass ich ein so guter Mensch bin.« Man kann davon ausgehen, dass ein Mensch im Gebet ehrlich ist und seine wirklichen Gedanken formuliert. Er sprach also Gott gegenüber das aus, was er im tiefsten Inneren dachte. Der Zöllner hingegen hielt sich im Hintergrund und wagte nicht einmal, seinen Blick nach oben zu wenden. Voller Verzweiflung schlug er sich in einem Ausdruck des Entsetzens und der Trauer an die Brust und betete:

>>*Gott, sei mir gnädig. Ich bin ein Sünder.*<<

(Lukas 18,13)

Der Zöllner bat Gott um Gnade. Die Größe des Ausmaßes seiner Sünden und seiner Fehlerhaftigkeit belastete sein Gewissen derart, dass er Gott um Vergebung und um Gnade anflehte. Er versuchte nichts zu beschönigen oder zu entschuldigen, er brachte keine Ausreden vor, sondern gab vor Gott zu, dass er allein durch *sein* Vergeben und *seine* Gnade vor ihm stehen durfte. Der Zöllner wusste, dass er verloren wäre, wenn Gott nicht in Gnade über seine Sünden hinwegsehen würde.

Wer dieser beiden Männer war nun vor Gott gerechtfertigt? Wer stand vor Gott ohne Sünde da? Jesus sagte dazu: Der sündige Zöllner ging gerechtfertigt nach Hause, aber der Pharisäer, der nach gesellschaftlichem Ermessen ein tadelloses Leben führte, war vor Gott nicht gerechtfertigt. Diese Aussage löste bei den Zuhörern Jesu Empörung aus. Sie verstieß auf den ersten Blick gegen jedes Gerechtigkeitsempfinden. Wie konnte es sein, dass ein Pharisäer, ein Diener Gottes, nicht vor Gott gerechtfertigt war? Pharisäer erhielten im Laufe ihres Lebens zahlreiche Weihen und Salbungen, sie waren darauf bedacht, Gottes Gebote zu halten, sie verbrachten täglich zwei Stunden im Gebet, gaben Almosen, fasteten zwei Tage in der Woche und vollzogen zahlreiche religiöse Übungen. Ein Pharisäer war überaus religiös, formal sehr gehorsam und in hohem Maß gebildet. Trotz all dieser Leistungen bezeichnete Jesus ihn als vor Gott nicht gerechtfertigt. Was wollte Jesus damit sagen?

Jesus erzählte dieses Gleichnis Menschen, die voller Selbstgerechtigkeit waren und sich durch ihren Lebensstil vor Gott rechtfertigen wollten. Doch Jesus verneinte dies. Er ging mit der häufig vertretenen Einstellung ins Gericht, dass man durch seine eigenen Werke, seine Religiosität und seine Anstrengungen vor Gott bestehen könne. Jesus sagt, dass das, was wir selbst von unserer Rechtschaffenheit halten, bei Gott nichts gilt. Es ist nur Selbstgerechtigkeit und im Grunde Stolz und Hochmut. Indem der Pharisäer dankte, nicht so wie der Zöllner zu sein, verkannte er den wahren Sachverhalt. Alle Menschen sündigen, auch die vorbildlichen.

Eine wahre Begebenheit, die sich in der Schweiz zugetragen hat, macht dies deutlich. Jemand sandte im Scherz den angesehensten Bürgern seiner Stadt einen Brief mit dem Inhalt: »Es ist alles ans Licht gekommen.« Als Folge dieses Briefes beging eine Person Selbstmord, zwei andere verschwanden spurlos und tauchten nicht mehr auf.

Auch wenn dieses Beispiel drastisch ist, so hat doch jeder Mensch seine dunklen Seiten, seien es Gedanken oder Taten, Hass oder die Unfähigkeit, anderen zu vergeben. Niemand ist von sich aus vor Gott gerecht. Würde jeder unserer Gedanken und jede unserer Handlungen als Bild in einer Galerie ausgestellt, was würde es da zu sehen geben? Niemand stünde als gerecht da, trotz aller guten Taten und Bemühungen. Der Selbstgerechte verkennt die Tatsache, dass wir alle sündhafte Menschen sind – ob mehr oder weniger, spielt dabei keine Rolle. Niemand kann sünd- und schuldlos und in jeder Hinsicht gerecht vor Gott treten.

Der Zöllner war sich im Gegensatz zu dem selbstgerechten Pharisäer seiner Schuld bewusst. Anders als der Pharisäer erkannte er, dass er Gottes Gnade brauchte. Diese innere Einstellung ist nach Jesus die Voraussetzung dafür, dass Gott einen Menschen für gerecht erklärt. Der Zöllner erniedrigte sich selbst vor Gott, wohingegen der Pharisäer sich mit seinem Eigenlob vor Gottes Augen selbst erhöhte. Jesus sagte dazu:

> *»Denn jeder, der sich selbst erhöht, wird von Gott erniedrigt werden, und wer sich selbst erniedrigt, wird von Gott erhöht werden.«* (Lukas 18,14)

Der Zöllner verurteilte sich selbst und bat Gott um seine Gnade. Die Grundlage, auf der Gott einem sündigen Menschen Gnade erweist, ist das stellvertretende Opfer Christi. Gott stellte das stellvertretende Opfer bereit, indem er Jesus sandte, um für unsere Schuld zu bezahlen. Der Lohn der Sünde ist der Tod – aber an unserer Stelle, für unsere Sünde hat einer diese Strafe bezahlt! Wer sich selbst nun als Sünder verurteilt und an Gottes Gnade appelliert, dem wird vergeben werden, und Gott spricht ihn sogar gerecht, er ist gerecht vor Gott. Gerecht, das heißt: Er lebt ab jetzt in einer geklärten, schuldfreien Beziehung zu Gott. Dies ist keine Gerechtigkeit, die der Mensch sich selbst erarbeitet hat, sondern die Gerechtigkeit Christi, die ihm zugerechnet wird.

Das Prinzip, dass unschuldiges Blut Sünde abwäscht, war den Juden bekannt. Einmal jährlich vollzog der Hohepriester ein Ritual, in dessen Verlauf ein unschuldiges Tier für die Sünden der Menschen im Vorhof des Jerusalemer Tempels geopfert wurde. Der

Tempel selbst bestand aus einem Raum, der durch einen Vorhang zweigeteilt war. Hinter dem Vorhang befand sich das sogenannte Allerheiligste mit der Bundeslade, dem symbolischen Thron Gottes auf Erden. Die Lade enthielt die Zehn Gebote, die Mose von Gott erhalten hatte, und war mit dem sogenannten »Gnadenstuhl« bedeckt. Diesen Gnadenstuhl (ein Ort, an dem Sühne für Vergehen vollzogen wurde) besprengte der Hohepriester mit dem Blut des Opfertieres, um mit dem unschuldigen Blut die Sünden der Menschen vor Gott auszutilgen. Dies war eine symbolische Handlung, die das Volk lehren sollte, dass der Mensch durch ein unschuldiges Opfer vor Gott gerechtfertigt wird. Es war sozusagen eine symbolische Vorbereitung auf den Kreuzestod Jesu, der für unsere Sünden bezahlte. Petrus schreibt dazu:

In seinem eigenen Körper hat er unsere Sünden auf das Holzkreuz hinaufgetragen, damit wir – für die Sünden gestorben – nun so leben, wie es vor Gott recht ist. Durch seine Striemen seid ihr heil geworden.   (1.Petrus 2,24)

Im Römerbrief schreibt der Apostel Paulus:

Alle Menschen haben gesündigt und die Herrlichkeit Gottes verloren.
Doch werden sie allein durch seine Gnade, ohne eigene Leistung, gerecht gesprochen, und zwar aufgrund der Erlösung, die durch Jesus Christus geschehen ist. Ihn hat Gott zu einem Sühneplatz (Gnadenstuhl) gemacht, der für alle zugänglich ist.
Durch sein vergossenes Blut ist die Sühne vollzogen worden, und durch den Glauben kommt sie allen zugute.   (Römer 3,23-25)

Die stellvertretende Sühnung von menschlichem Vergehen steht auch im Zentrum des bekannten und verfilmten Buches »Der König von Narnia« (der zweite Band der »Chroniken von Narnia«) vom Autor Clive Staples Lewis. Die Handlung erzählt von vier Geschwistern, die in England während des 2. Weltkriegs auf dem Landsitz eines alten Professors durch einen geheimnisvollen Schrank eine andere Welt betreten, deren Herrscher König Aslan ist. Edmund, eines der vier Kinder, verrät seine Geschwister, und nach den Gesetzen von Narnia bedeutet dies, dass er dem Tod ausgeliefert werden muss. Er kann dem Fluch des Gesetzes nur dadurch entgehen, dass Aslan, der König, an seiner statt stirbt. Lewis lehnte seine Handlung an Jesu stellvertretenden Tod an, mit dem er den Preis bezahlte, den wir nach Gottes Gesetz hätten bezahlen müssen.

Gott gewährte dem Zöllner somit keine billige Gnade, er drückte kein Auge zu, sondern er vergab ihm, weil er zugab, dass er gesündigt hatte und die Gnade Gottes nötig hatte. Der Zöllner gestand sich seine eigene Ungerechtigkeit ein und vertraute auf das stellvertretende Opfer, das Gott für den Sünder, der umkehrt, bereithält. Rechtfertigung ist ein juristischer Begriff, und Gnade darf das Recht nicht beugen, d.h. sie kann nur auf dem Weg der Gerechtigkeit zugesprochen werden. Der Zöllner hatte sehr viel Schuld auf sich geladen, und dadurch war er vor Gott schuldig. Die Taten des Zöllners mussten bestraft und gesühnt werden. Diese Strafe wurde von Jesus stellvertretend für ihn getragen. Das Opfer Christi stillt auch das Verlangen nach Gerechtigkeit der Menschen, die durch die Sünden anderer Leid ertragen müssen.

Ein Mensch, der einem anderen Schaden zugefügt hat, kann das verursachte Leid oftmals nicht ungeschehen machen. Wenn beispielsweise ein Ehepartner den anderen betrügt, so macht er diese Verletzung nicht wieder gut, indem er einem neuen Partner die Treue hält. Die Verletzung des ersten Partners bleibt bestehen. Die Schuld ist da und kann nicht wiedergutgemacht werden. Auch vor Gott kann der Mensch seine Schuld nicht durch gute Taten abtragen. Nur Gott selbst kann sie wegnehmen.

Der Pharisäer hingegen glaubte grundsätzlich an Gott, aber er erkannte nicht, dass er durch religiöse Übungen und Werke seine eigenen Sünden vor Gott nicht aufwiegen konnte und er Gottes Gnade benötigte, die allein ihm die Sünde nehmen konnte.

Jesus illustrierte mit diesem Gleichnis, wie zwei Menschen auf grundsätzlich unterschiedliche Weise versuchen, vor Gott zu bestehen. Einer erkennt seine Schuld und die Unfähigkeit zur Tilgung dieser Schuld vor Gott an, der andere nicht. Einer gibt vor Gott zu, wie und wer er wirklich ist, der andere stellt sich selbst als gut dar und lobt sich. Gott kennt unsere tiefsten Regungen. Er weiß, was sich unter der Maske verbirgt, die wir zum Schutz und Schein nach außen tragen und oft selbst nicht wahrnehmen. Er kennt unsere Gedanken, gute wie schlechte. Aber Gott liebt uns und hat für die Gemeinschaft mit uns einen hohen Preis bezahlt. Er gab seinen Sohn für unsere Sünden. Es ist im Grunde nicht schwer, vor Gott gerecht zu sein. Der Zöllner im obigen Gleichnis zeigt uns den Weg. Wir müssen vor Gott ehrlich sein und zu unserem Versagen und unseren Sünden stehen. Gott will, dass wir unsere Masken fallen lassen und uns in seine Arme werfen. Dann reinigt er uns und wäscht durch das Opfer Jesu am Kreuz die Sünden von uns ab. Dadurch bietet er uns etwas an, das wir aus eigener Kraft und mit guten Taten nicht erreichen können: Er nimmt die Last unserer Sünden von uns weg, damit wir vor seinen Augen ohne Sünde dastehen können. Das ist befreiend, weil es den Druck nimmt, aus eigener Kraft und aufgrund eigener moralischer Leistungen von Gott angenommen zu werden, was ja ohnehin nicht möglich ist.

KAPITEL 9

Wer's glaubt, wird selig

In den vorhergehenden Kapiteln wurde der Glaube als Schlüsselfaktor für die Beziehung zu Gott herausgearbeitet. Was ist damit gemeint, und wie kann ein solcher entstehen?

Vor allem für Menschen, die aus Familien stammen, in denen nie jemand an Gott geglaubt hat, ist Glaube ein abstrakter Begriff. Sie könnten sagen: »Ich möchte ja gerne glauben können, aber mir fehlen dazu die Grundlagen. Ich bin nicht so erzogen worden.« Ist Glaube wirklich eine Erziehungssache? Was bedeutet es, zu glauben?

Der Begriff »Glaube« wird in der deutschen Sprache sehr unterschiedlich gebraucht. Zum einen verwendet man »glauben« im Sinn von »vermuten«. »Ich glaube, dass die Sonne bald scheinen wird.« Diese Anwendung hat nichts mit dem Glauben zu tun, von dem die Bibel spricht. Weiter kommt »glauben« in verschiedenen Redewendungen vor: »Der hat daran glauben müssen!« Manchmal wird Glaube mit einem Gefühl gleichgesetzt. »Mein Gefühl sagt mir, dass die Prüfung gut gelaufen ist, deshalb glaube ich, dass ich eine gute Note erhalte.«

Die Wurzel des Wortes »glauben« in der deutschen Sprache ist dieselbe wie die des Wortes »geloben«, das die Bedeutungen »Treue« und »Loyalität« beinhaltet (Beispiel: »Verlobung«). Der Duden gibt für »glauben« folgende Definition: *»sich auf jemanden verlassen, vertrauen, bauen, zählen. Vertrauen schenken«*. Diese Bedeutungen entsprechen dem, was die Bibel meint, wenn sie vom Glauben spricht. »An Gott glauben« bedeutet, sich ihm mit ganzem Herzen anzuvertrauen und auf seine Versprechen und Zusagen zu zählen.

Um sich tatsächlich auf jemanden verlassen und ein Vertrauensverhältnis zu ihm aufbauen zu können, ist es notwendig, diese Person vorher gut kennenzulernen. Auch der Glaube an Gott entsteht dann, wenn wir ihn kennenlernen. Denn niemand kann oder sollte jemandem vertrauen, den er oder sie nicht kennt. Man kann Gott kennenlernen, weil er sich als Mensch in Jesus Christus gezeigt und durch ihn seinen Willen, seine Werte und sein Wesen geoffenbart hat. Damit gibt Gott uns einen ganz konkreten Anhaltspunkt für unser Vertrauen zu ihm. Das Neue Testament verbindet den Glauben an Jesus Christus unmittelbar mit der Verheißung des ewigen Lebens. Markus berichtet in seinem Evangelium, wie Jesus nach seiner Auferstehung von den Toten zu seinen elf Jüngern über dieses Thema sprach:

> »*Geht in die ganze Welt und verkündet allen Menschen die gute Botschaft. Wer glaubt und sich taufen lässt, wird gerettet werden. Wer aber ungläubig bleibt, wird von Gott verurteilt werden.*«
>
> *(Markus 16,15-16)*

Als der Apostel Paulus in Philippi wegen der Verkündigung des Evangeliums im Gefängnis saß, erschütterte ein Erdbeben die Fundamente des Gefängnisses, und alle Gefängnistore öffneten sich. Der erschrockene Gefängniswärter wollte sich das Leben nehmen, weil er dachte, dass die Gefangenen geflohen seien und er somit für sein Versagen einstehen müsse. Seine Sorge war jedoch unbegründet. Paulus rief ihm mit lauter Stimme zu: »*Tue dir nichts an! Wir sind alle noch hier!*« (Apostelgeschichte 16,28).

Unter diesem Eindruck erkannte der Gefängnis-wärter Gottes übernatürliche Hand. Er führte Paulus und Silas aus dem Gefängnis hinaus in die Freiheit und fragte sie:

> *»Ihr Herren, was muss ich tun, um gerettet zu wer-den?« Sie (Paulus und Silas) sagten: »Glaube an Je-sus, den Herrn! Dann wirst du gerettet und deine ganze Familie mit dir.«*
>
> (Apostelgeschichte 16,30-31)

Auch hier wird deutlich, dass der Glaube an Jesus zum ewigen Leben (Errettung) führt. Dieser Glaube hat nichts mit bloßer Hoffnung zu tun, sondern mit Ge-wissheit. Wer an Jesus glaubt, erhält ewiges Leben. Gott geht es nicht darum, dass wir religiöse Aktivitäten prak-tizieren. Er will, dass wir ihm vertrauen. Wenn wir das tun, schenkt er Geborgenheit, Sicherheit und Gewiss-heit. Gewissheit kann nur aus Vertrauen entstehen. Dies wird anhand des folgenden Beispiels klar ersichtlich:

Ein Ehemann verreist und lässt seine Frau zurück. Was gibt ihm die Sicherheit, dass seine Frau ihm in der Zeit seiner Abwesenheit die Treue hält? Um sicherzu-gehen, engagiert er einen Privatdetektiv, der seine Frau beschattet und täglich einen Bericht über die Treue der Ehegattin liefert. Geben ihm diese Berichte Sicherheit und Gewissheit? Nein, der Privatdetektiv könnte ja ein heimlicher Liebhaber seiner Frau sein. Um Gewissheit zu erlangen, muss der Ehemann jemanden finden, dem er wirklich vertrauen kann. Erst wenn er ihn gefunden hat, hat er die Sicherheit, die er sich wünscht. Das Bes-te wäre natürlich, wenn er seiner Frau selbst vertrauen könnte.

Aus diesem Beispiel wird ersichtlich, dass eine ge-sunde Beziehung nur auf der Basis eines tiefen Vertrauens möglich ist. Misstrauen, Unglauben und Skepsis zerstören jede Beziehung.

»An Gott glauben« heißt, ein kindliches Vertrauen zu ihm zu haben. »Kindliches Vertrauen« meint einen direkten, unkomplizierten Zugang zu Gott. Wir sollen mit unserem Vater im Himmel über das sprechen, was uns am Herzen liegt.

> *»Bittet, und ihr werdet bekommen, was ihr braucht; sucht, und ihr werdet finden, klopft an, und es wird euch geöffnet! Denn wer bittet, empfängt; wer sucht, findet; und wer anklopft, dem wird geöffnet. Würde jemand unter euch denn seinem Kind einen Stein geben, wenn es ihn um ein Stück Brot bittet? Würde er ihm denn eine Schlange geben, wenn es ihn um einen Fisch bittet? So schlecht, wie ihr seid, wisst ihr doch, was gute Gaben für eure Kinder sind, und gebt sie ihnen auch. Wie viel mehr wird der Vater im Himmel denen Gutes geben, die ihn darum bitten.«*
>
> *(Matthäus 7,7-11)*

Jesus ermutigt seine Jünger, Gott nicht nur Vater zu nennen, sondern ihm sogar noch inniger zu vertrauen, als ein Kind seinem eigenen Vater vertraut. Der Vergleich mit dem menschlichen Vater ist sehr einprägsam. Obwohl unvollkommen, verstehen es Väter im Allgemeinen, die Bitten ihrer Kinder so zu erfüllen, wie es für sie zum Besten ist. Wie viel mehr wird Gott, der Vater, der in jeder Hinsicht vollkommen ist, denen Gutes geben, die ihn darum bitten.

Dieses Vertrauen auf Gott hat nichts mit Leichtgläubigkeit oder Aberglauben zu tun. Beim Aberglauben wird das Vertrauen auf Gegenstände und Phänomene, die der menschlichen Vorstellungskraft entspringen, gesetzt. Aberglaube verhindert sogar eine Beziehung zu Gott. Er bezieht sich ja auf leblose Gegenstände, die nichts bewirken können. Ein Beispiel hierfür wäre das Hufeisen, das Glück verheißen soll. Dieses Symbol ist ebenso positiv besetzt wie Talismane oder andere Maskottchen, die dem Schicksal eine positive Wendung geben sollen. Ist es jedoch möglich, zu leblosen Gegenständen ein echtes Vertrauensverhältnis aufzubauen? Diese Frage erübrigt sich spätestens dann, wenn unser Leben an einem seidenen Faden hängt. Auch wenn das Vertrauen in Glück bringende Gegenstände eine gewisse Dynamik in sich birgt und das daran geknüpfte positive Denken Menschen manchmal sogar stark und fähig macht, Großes zu vollbringen, so hat es nichts mit dem Glauben der Bibel gemein, der das tiefe, ewige Verbundensein mit Gott meint. Der Glaube an Gott hat nichts Irrationales an sich und richtet sich nicht an »das große Unbekannte«. Eine Vertrauensbasis zu Gott entsteht, indem man sich auf das verlässt, was er sagt. Auf dem Weg zu diesem Glauben sind wir allerdings oft mit einem starken Gegenwind konfrontiert.

Wer's glaubt, wird selig!

»Wer's glaubt, wird selig!« Dieser Ausruf hat zwei Bedeutungen. Zum einen die biblische. Luther übersetzte den Begriff »gerettet« mit »selig«. Wer an Jesus Christus glaubt, ist gerettet und hat ewiges Leben. Die andere, viel geläufigere Bedeutung dieses Ausspruchs in unserer Umgangssprache besagt: »Wer dies oder jenes glaubt, ist naiv.« Es ist sehr bezeichnend für unsere Zeit, dass der Aufruf zum Glauben an das Evangelium verfremdet wird und eine völlig andere Bedeutung erhält. In einer Atmosphäre des Unglaubens erscheint es lächerlich und naiv, an Gott zu glauben. Gott bleibt trotz dieser Betrachtungsweise real und sein Angebot an uns ebenso. Ein Grund, warum es für viele schwierig ist, an Gott zu glauben, ist Unkenntnis über ihn. Das war schon zur Zeit der Apostel so:

Doch wie sollen sie den anrufen, an den sie noch nicht glauben? Und wie sollen sie an den glauben, von dem sie noch nichts gehört haben? Und wie sollen sie von ihm hören, wenn es ihnen keiner sagt?

(Römer 10,14)

Wenn man nie in tiefe Berührung mit dem Glauben an Gott gekommen ist, dann ist es verständlicherweise schwierig, die Frage nach Gott ernst zu nehmen. Wenn im persönlichen Umfeld niemand von seinem Glauben an Gott erzählt oder über Gott spricht, wie soll Gott dann eine Rolle in unserem Leben spielen? Niemand jedoch muss in diesem Zustand der Unkenntnis bleiben. Gott ruft Menschen auch noch heute auf ganz persönliche Weise zu sich.

Ein weiteres Hindernis auf dem Weg zu Gott sind Vorurteile. Genau genommen handelt es sich bei Vorurteilen um Urteile, die gefällt werden, weil man weder die Sachlage noch die betroffenen Personen gut genug kennt. Menschen werden in Schubladen gesteckt und abgeschrieben. Auf diese Weise gibt es viele Vorurteile über den Glauben, die Bibel, Gott oder die Christen bzw. christliche Institutionen und Kirchen. Aussprüche wie: »Glauben ist Opium für das Volk«, »Gott ist tot« verschärfen diese Vorurteile noch. Und leider ist es tatsächlich so, dass es falsche Prediger gibt, die »Wasser predigen und Wein trinken«. Auch Vorgänge in der Geschichte, beispielsweise die Wirtschaftskriege des Mittelalters, die man »Kreuzzüge« nannte und damit als Religionskriege ausgab, bestätigen das große Misstrauen. Diese Beispiele haben eines gemeinsam: Sie haben nichts mit dem Gott zu tun, der sich in der Bibel zeigt. Denn das ist ein Gott, der Frieden gibt, ein Gott, der Gewaltlosigkeit, Ehrlichkeit und Nächstenliebe verlangt. Es besteht die Gefahr, dass wir uns von Menschen und Ereignissen abschrecken lassen, die uns die Sicht auf Gott verstellen. Dann lehnen wir Gott ab, ohne ihn je richtig erfasst zu haben.

In einer Atmosphäre, in der Gott ausgeklammert ist, geben sich Menschen schnell mit einem Vorurteil zufrieden, welches das ihnen peinliche Thema und die scheinbar rückständige Denkweise vom Tisch fegt. Ist Glauben nicht mehr zeitgemäß? Tatsächlich ist es so, dass wir Menschen nicht nur eine starke Veranlagung zum Glauben haben, sondern dass Glauben bzw. Vertrauen die Basis für das Funktionieren unseres täglichen Lebens ist. Im Grunde glauben wir an sehr vieles. Wir glauben und vertrauen von Geburt an. Zunächst einmal unseren Eltern – wir glauben, dass sie die Wahrheit sprechen, dass ihre Sichtweise richtig ist. Wir vertrauen unseren Lehrerinnen und Lehrern, dass sie uns die richtigen Rechtschreibregeln beibringen. Wir vertrauen Institutionen, beispielsweise Banken, dass sie unser Geld rechtschaffen verwalten. Wir vertrauen, dass Züge in die richtige Richtung fahren, dass der Pilot das Flugzeug steuern kann, dass die Lebensmittel im Supermarkt nicht vergiftet sind usw. Wir vertrauen die meiste Zeit, ohne nachzuprüfen. Ohne Glauben und Vertrauen in Menschen und Dinge wären wir nicht lebensfähig. Das Vertrauen ist die Brücke zu unseren Mitmenschen und unserer Umwelt. Selbst Forscher müssen glauben, um ihrer wissenschaftlichen Arbeit nachgehen zu können. Sie müssen darauf vertrauen, dass die wissenschaftlichen Grundlagen, auf denen ihre Arbeit aufbaut, korrekt sind. Gott hat das Leben so geschaffen, dass wir ohne Glauben nicht lebensfä-

hig wären. Er hat uns die Veranlagung zum Glauben, ein Urvertrauen, gegeben.

Wie entsteht nun ein Glaube, der selig macht? Paulus beantwortet diese Frage in seinem Brief an die Römer: *»Der Glaube kommt aus dem Hören der Botschaft«* (Römer 10,17). Die Botschaft von Jesus Christus wurde dokumentiert und kann im Neuen Testament nachgelesen werden. Jesus zeigt uns den Weg, den wir in unserem Leben einschlagen sollen. Er war der Überbringer der Frohen Botschaft, des Evangeliums. Der Begriff »Evangelium« stammt aus dem griechischen »euangelion« und bedeutet »gute Nachricht« oder »frohe Botschaft«. Das Wort wurde ursprünglich in einem anderen Zusammenhang verwendet. Wenn zwischen griechischen Stadtstaaten Krieg ausbrach, standen sich die Krieger der verfeindeten Städte auf neutralem Boden gegenüber, während deren Bewohner bange auf Nachricht über Sieg oder Niederlage warteten. Sieg bedeutete Reichtum und Frieden, Niederlage hingegen Sklaverei und Tod. Im glücklichen Fall des Sieges überbrachte der Läufer die Nachricht »Euangelion«, das bedeutet »Gute Nachricht«. »Wir haben den Sieg und werden leben!« Die Apostel haben die Summe der christlichen Botschaft in ebendiesem Wort zusammengefasst: Evangelium. Das Evangelium ist die Frohe Botschaft vom ewigen Leben und von der Seligkeit. Es beinhaltet zunächst eine Analyse des Ist-Zustands des Menschen vor Gott, dann aber auch den Weg für jeden Einzelnen, zu Gott zu kommen. Der Ist-Zustand des Menschen besagt, dass ausnahmslos jeder Mensch Gottes Maßstäbe übertreten hat und in *seinen* Augen ein Sünder ist.

Es ist kein Unterschied: Alle haben gesündigt und erlangen nicht die Herrlichkeit Gottes.

(Römer 3,23)

Wie kann Gott über alle Menschen dasselbe Urteil fällen? Der Schöpfer unserer Ohren hört jedes Wort, das wir sprechen, und sieht selbst die Taten und Gedanken, die wir vor anderen verbergen. Gott selbst ist rein und ohne Sünde. So trennt uns schon eine einzige Übertretung von ihm. Da aber kein Mensch sündlos ist, brauchen wir alle jemanden, der für unsere Sünden bezahlt, damit wir nicht ewig von Gott getrennt sind.

Diese Überbrückung der Kluft zwischen Gott und dem Menschen geschieht nicht durch unsere Anstrengung, sondern durch das, was Gott selbst getan hat. Das Evangelium berichtet nicht nur davon, dass die Gemeinschaft mit Gott möglich ist, sondern dass Gott sie von sich aus wünscht und ersehnt. Da vor dem gerechten Gott Schuld beglichen werden muss, sandte er seinen Sohn, der in die Welt kam, um die Schuld der gesamten Menschheit zu bezahlen. Der Schöpfer stellte von Anbeginn an klar, dass die Strafe der Sünde der Tod ist (s. Römer 6,23). Jesus, der selbst keine Sünde begangen hatte, starb freiwillig am Kreuz für die Sünden der Menschen und erduldete stellvertretend die Strafe für die Menschheit. Gott lud die gesamte Schuld der Welt auf ihn, und Jesus bezahlte sie mit seinem Leben.

Auch Christus hat einmal für die Sünden gelitten, der Gerechte starb für die Ungerechten, um uns zu Gott hinführen zu können. (1. Petrus 3,18)

Er nahm somit jede Lüge, jeden Mord, jede schlechte Tat der Menschen auf sich. Diese Schuld starb mit Jesus und ist somit vor Gott getilgt. Mit seinem Tod schuf Jesus die Brücke zu Gott. Jesus war drei Tage tot, doch dann kehrte er ins Leben zurück. Nach seiner Auferstehung erschien er 40 Tage lang verschiedenen

Menschen, einmal 500 von ihnen gleichzeitig. Seine Auferstehung ist der lebendige Beweis dafür, dass Gott sein Opfer angenommen hat. Die Strafe der Sünde ist der Tod – dieser Tod wurde überwunden. Die Strafe ist aufgehoben. Der Tod hat nicht mehr das letzte Wort. Johannes fasst diese frohe Kunde und den Inhalt des Evangeliums folgendermaßen zusammen:

So hat Gott der Welt seine Liebe gezeigt: Er gab seinen einzigen Sohn dafür, dass jeder, der an ihn glaubt, nicht verloren geht, sondern ewiges Leben hat.

(Johannes 3,16)

Nun schließt sich der Kreis. Wer darauf vertraut, dass Christus stellvertretend am Kreuz für ihn gestorben ist, um die Trennung von Gott aufzuheben, wird selig, er hat ewiges Leben. Der Glaube an Jesus beinhaltet das Begreifen der Notwendigkeit seines stellvertretenden Todes. Viele Menschen halten sich für gut und gehen davon aus, dass Jesus für sie nicht hätte sterben müssen. Sie gehen davon aus, dass sie im Großen und Ganzen alleine vor Gott bestehen können. Für Gott gibt es nicht ein »im Großen und Ganzen sündloses Menschenleben«. Jesus sprach unverblümt aus, dass jeder Mensch gesündigt hat. Eine einzige Lüge würde ausreichen, um einen Menschen vom heiligen Gott zu trennen. Die Annahme der eigenen Rechtschaffenheit ist eine Illusion und ein Hindernis für den Glauben. Wenn ich mir selbst vertraue, kann ich nicht auf Gottes Plan für meine Ewigkeit vertrauen. Errettung und ewige Gemeinschaft mit Gott erfolgt nicht aus unserer eigenen Kraft, sondern ausschließlich daraus, dass Gott uns dies in seiner Gnade vollständig schenkt. Alles, was er dafür will, ist unser Glaube.

Durch die Gnade seid ihr gerettet worden, aufgrund des Glaubens. Ihr selbst habt nichts dazu getan, es ist Gottes Geschenk und nicht euer eigenes Werk. Denn niemand soll sich etwas auf seine guten Taten einbilden können. (Epheser 2,8-9)

Der Glaube an Jesus ist mit der Erkenntnis der eigenen Verlorenheit verbunden. Diese Einsicht oder Lebensbuße – Buße bedeutet ursprünglich Umkehr – ist der erste Schritt in der Hinwendung zu Gott. Diese Umkehr drückt sich in einer veränderten Geisteshaltung aus, nämlich in der Erkenntnis, dass wir Gott um seine Gnade bitten müssen, um vor ihm ohne Schuld stehen zu können. Gott will seine Gnade *jedem* Menschen schenken, der ihn in Jesu Namen darum bittet.

Jeder, der den Namen des Herrn anruft, wird gerettet werden. (Römer 10,13)

Dieses Anrufen des Namens des Herrn unterscheidet sich von einem allgemeinen Gebet und wird im Neuen Testament auch als Bekehrung bezeichnet. Im Grunde geht es hier um die Bitte, dass Gott aufgrund des stellvertretenden Kreuzestodes Jesu Christi meine Sünden vergeben möge, damit ich ewiges Leben erhalte. Ausnahmslos jeder, der Gott auf diese Weise um Vergebung bittet, erhält ewiges Leben. Das ist sein eigenes Versprechen, dem wir vertrauen dürfen. Das ist wahrhaft eine frohe Botschaft.

Die Entscheidung zu diesem Schritt kann nur aus freien Stücken erfolgen. Jesus hat viel über die Entscheidung für den Glauben und die Widerstände, die uns daran hindern, gesprochen. Er vergleicht den Schritt zum Glauben mit dem Hindurchgehen durch eine enge Tür:

»Die Tür ist eng. Setzt alles dran, hineinzukommen! Denn ich sage euch: Viele werden es versuchen, aber es wird ihnen nicht gelingen.«   (Lukas 13,24)

»Geht durch das enge Tor! Denn das weite Tor und der breite Weg führen ins Verderben, und viele sind dorthin unterwegs. Wie eng ist das Tor und wie schmal der Weg, der ins Leben führt, und nur wenige sind es, die ihn finden!«   (Matthäus 7,13-14)

Warum finden nur wenige das Tor, obwohl Gott Gemeinschaft mit allen Menschen haben möchte?

Widerstände können verschiedene Gesichter haben. Sie können sich in mangelnder Entscheidungsstärke ausdrücken, oder in der Furcht vor der Reaktion von Mitmenschen oder einfach in Bequemlichkeit. Eine große Gefahr, das Tor zu übersehen und nicht in das Reich Gottes zu gelangen, entsteht dadurch, dass wir uns nach der Masse richten. Gott hofft auf jeden Menschen ganz persönlich und hat uns in Jesus die Hand gereicht. Er hat von sich aus alles unternommen, damit wir mit ihm leben können. Dieser Schritt, seinen eigenen Sohn dem Tod preiszugeben, um viele als seine Kinder zu gewinnen, zeugt von großer Liebe zu uns. Gottes Liebe zu uns übersteigt unsere Vorstellungskraft. Er hat von sich aus alles getan und ist uns entgegengekommen. Nun muss der Mensch den Schritt auf Gott zu machen.

Der Schritt auf Gott zu kann nur auf der Grundlage des Glaubens bzw. Vertrauens erfolgen. Der erste Schritt des Glaubens ist ein Übergabegebet, auch Bekehrung genannt. Wir werden im Neuen Testament mehrmals aufgefordert, zu ihm umzukehren.

So ändert nun eure Einstellung und kehrt zu ihm um, damit der Herr eure Schuld auslöscht und die Zeit der Erholung anbrechen lässt.

(Apostelgeschichte 3,19)

Damit ist gemeint, dass jeder Mensch sich persönlich an Gott wendet und sein Leben sozusagen in Gottes Hand legt. Diese Hinwendung zu Gott findet seinen Ausdruck in der Bitte um Errettung.

Denn die Schrift sagt: Wer ihm vertraut, wird nicht enttäuscht werden. ... Denn jeder, der den Namen des Herrn anruft, wird gerettet werden.

(Römer 10,11.13)

Ein solches Gebet beinhaltet mindestens drei Einsichten:

- das Bekenntnis, ein verlorener Sünder zu sein
- den Glauben an den Opfertod Christi für die Sünden aller Menschen und an seine Auferstehung
- die persönliche Bitte an Gott um Errettung

Wenn ein Mensch ein solches Gebet als Ausdruck dessen, was er im Herzen glaubt und wünscht, spricht, dann hat Gott versprochen, dieses Gebet ganz gewiss zu erhören.

Wenn du mit deinem Mund bekennst, dass Jesus der Herr ist, und in deinem Herzen glaubst, dass Gott ihn aus den Toten auferweckt hat, wirst du gerettet werden. Denn man wird für gerecht erklärt, wenn man mit dem Herzen glaubt, man wird gerettet, wenn man seinen Glauben mit dem Mund bekennt.

(Römer 10,9-10)

KAPITEL 10

Ein Leben im Glauben

Menschen, die den Schritt zu einem Leben mit Gott in Betracht ziehen, haben oft Angst vor den Konsequenzen, die diese Entscheidung mit sich bringt. Muss ich mich und meine Verhaltensweisen von Grund auf ändern? Welche Dynamik wird in meinem Leben ausgelöst? Kann ich weiterleben wie bisher? Wir kennen alle unsere Schwächen und Fehler und tragen eine Ahnung in uns, dass wir uns nicht immer so verhalten, wie wir sollten. Die Vorstellung, dass der Schritt zu Gott unser Leben aus den gewohnten und lieb gewonnenen Bahnen wirft, kann daher eine tiefe Verunsicherung bewirken. Wer ist noch nicht mehrere Male an guten Vorsätzen gescheitert? Bei wem erwiesen sich nicht Ratgeber, die helfen sollten, Schwächen zu überwinden, als Fehlinvestition? Gleicht ein Leben mit Gott nicht einem grellen Spiegel, in dem unsere Fehler nur umso deutlicher zutage treten? Wie sollen wir mit allen unseren Schattenseiten ein Leben mit Gott führen können?

Diese Fragen sind berechtigt, denn es wird uns ohne tief greifende Veränderung von der Wurzel unseres Wesens her nicht gelingen, nach Gottes Maßstäben zu leben. Ein Leben mit Gott bedeutet jedoch, dass Gott tatsächlich in unser Leben kommt. Er bringt uns Hoffnung in verschiedensten Bereichen. Gott bewirkt nach unserer freien Entscheidung, mit ihm zu leben, eine Veränderung in uns. Er vollbringt, was wir nicht schaffen: Er verändert uns und lässt schrittweise etwas Neues in uns wachsen. Dies bewirkt er durch seinen Geist, der in der Bibel als der »Heilige Geist« bezeichnet wird. Wenn Jesus von dieser Verwandlung spricht, dann bezeichnet er sie auch als »geistliche Wiedergeburt«. Sie wird erlangt, indem ein Mensch Jesus Christus, den Sohn Gottes, persönlich als Erretter und Herrn über sein Leben annimmt, an ihn glaubt und so sein Leben mit ihm verbindet. Erst dann kann Gottes Geist in uns vieles so verändern, dass wir zu Gottes Wohlgefallen leben.

Gott will uns nicht nur einen christlichen Anstrich verpassen und einige christliche Lebensregeln auf den Weg mitgeben, sondern er will uns ein völlig neues Leben schenken. Dieses neue Leben ist voller Veränderungen, die in unterschiedlicher Geschwindigkeit vonstattengehen können und für den Gläubigen ein lebendiges Zeichen von der Existenz Gottes sind. Schwächen, die unüberwindlich schienen, spielen plötzlich eine untergeordnete Rolle. Es kommt zu einer Prioritätenverschiebung. Kränkungen können vergeben werden, Sturheit und Stolz schmelzen dahin. Gottes Geist beginnt zu wirken und führt uns auf eine Reise, die viele Überraschungen in sich birgt. In unserer Lebensspanne setzt er das Bauwerk Mensch neu zusammen und lässt uns gute Früchte bringen. Daher spricht Jesus auch davon, dass man Gottes Kinder an den Früchten erkennen wird.

Eine weitere Grundfeste des christlichen Lebens ist die Freude, die sich auf die innerliche Gewissheit gründet, ewige Gemeinschaft mit Gott zu haben. Diese Aussicht auf ewiges Leben nimmt angesichts des Todes eine schwere Bürde von unserer Seele. Der Tod ist etwas Unbegreifliches. Wenn man mit ihm in Berührung kommt, dann vermischen sich Trauer und Hilflosigkeit mit einer unbeschreiblichen Sprachlosigkeit, die sich beim Kontakt mit dem Sterben und dem Tod einschleicht. Die Erschütterung und Betroffenheit, von der man ergriffen wird, gleicht einer Ohnmacht und ist kaum in Worte zu fassen. Menschen brechen innerlich zusammen. Seit es Menschen auf dieser Erde gibt, hat diese Erschütterung und tiefe Trauer, die die Herzen zerpflügt, nie aufgehört. Man wird sich nie wirklich daran gewöhnen können, nah an die Grenze des Todes geführt zu werden. Plötzlich bricht die Frage hervor: Wo ist der geliebte Mensch? Was bleibt angesichts des Sterbens? Man spürt, dass der Leib, das Stoffliche, nicht die Person selbst ist. Wir mögen vielen Lebenslagen anscheinend kühn und erhaben gegenüberstehen – aber im Angesicht mit dem Tod zeigt sich plötzlich unser Ausgeliefertsein. Wir haben das Wesentliche nicht in der Hand.

Viele Menschen sind davon überzeugt, dass mit dem Tod alles aus sei. Ein Mann sagte: »Merken Sie sich Folgendes: Wenn man stirbt, kommt man in ein zwei Meter tiefes Loch, darauf kommt Erde und dann kommt nichts mehr! Das war's!« Manche Menschen sind sogar leidenschaftlich daran interessiert, dass mit dem Tod alles aus ist. Ist der Gedanke, nach dem Tod vor dem Gericht Gottes erscheinen zu müssen, unangenehm oder unerträglich? Herrscht hier der Gedanke vor, dass nicht eintreffen wird, was nicht eintreffen darf?

Diese Geisteshaltung mag manche beruhigen, gibt dem Menschen aber keinerlei Hoffnung. Die Überzeugung, dass mit dem Tod alles endet, stößt Menschen in eine tiefe Grube der Ausweglosigkeit. Das Leben verkommt zu einem sinnlosen Dasein. Alle Sicherheiten, die im Laufe des Lebens aufgebaut wurden, fallen in sich zusammen. Federico Fellini, einer der wichtigsten Filmproduzenten und Regisseure Italiens, brachte dies auf den Punkt:

»Wie viele Menschen habe ich keine Religion und sitze in einem kleinen Boot und lasse mich von der

Strömung treiben. Ich arbeite, betrachte das Leben und versuche es anderen sichtbar zu machen. Heute stehen wir nackt, schutzlos und einsamer da als irgendwann in der Geschichte.«

Der 1993 verstorbene Fellini hatte alles, was ein Mensch auf dieser Welt erreichen kann: Reichtum, Ruhm und einen Beruf, in dem er seine Fähigkeiten voll entfalten konnte. Trotzdem empfand er keine Geborgenheit und beschrieb sich als nackt, schutzlos und einsam. Er hatte keine Hoffnung über dieses Leben hinaus. Wozu sollen all die Anstrengungen und Mühen des Lebens gut sein, wenn am Ende das Nichts steht? Manche gehen mit ihrer Hoffnungslosigkeit humorvoll um. Ein schottischer Boxer wünschte sich folgende Inschrift auf seinem Grabstein: »Diesmal kannst du zählen, so lange du willst, ich werde nicht mehr aufstehen!« Andere Menschen reagieren zynisch, wieder andere kämpfen gegen den Tod an und versuchen, das Leben zu verlängern. Die Fortschritte in der modernen Medizin geben Hoffnung, das Leben eines Menschen in der Zukunft vielleicht um 20 Jahre verlängern zu können. Gleichgültig, welcher Umgang mit dem Unfassbaren gepflegt wird: Wenn ein Mensch keine Hoffnung auf das ewige Leben hat, dann verkommen alle lebensverlängernden Bemühungen zu einer reinen Aufschubaktion. Das Unabwendbare kann auf Dauer nicht abgewendet werden.

Was kommt nach dem Leben?

Die Bibel beantwortet die Frage nach dem »Danach« und kann Sicherheit und absolute Gewissheit geben. Das Hoffen auf ein Leben nach dem Tod muss nicht ein vager Hoffnungsschimmer bleiben. Wer Jesus hört, erfährt vieles über das ewige Leben. Manche Menschen sagen: Es ist noch keiner zurückgekommen! Diese Aussage ist falsch. Jesus Christus ist aus dem Tod zurückgekommen. Er ist von den Toten auferstanden. Für dieses historische Ereignis gibt es zahlreiche von Historikern anerkannte Belege und Indizien. Thomas Arnold, Professor für Geschichte an der Universität Oxford und Verfasser von drei Bänden über die Geschichte Roms, schreibt zum Beispiel:

>*Die Indizien für das Leben, Sterben und Auferstehen Jesu sind zufriedenstellend. Nach den allgemeinen Regeln zur Unterscheidung von guten und schlechten Indizien sind sie gut. Tausende, ja, Zehntausende von Personen haben sie Stück für Stück untersucht, so sorgfältig wie jeder Richter, der einen überaus wichtigen Fall zusammenfasst. Ich habe es selbst vielmals getan, nicht um andere, sondern um mich selbst zu überzeugen. Ich bin nun schon viele Jahre lang daran gewöhnt, die Geschichte anderer Zeiten zu studieren und die Beweisführung derer zu untersuchen und abzuwägen, die darüber geschrieben haben, und ich kenne keine einzige Tatsache in der Geschichte der Menschheit, die von besseren und vollständigeren Belegen jeder Art bewiesen wurde (...), als das große Zeichen, das Gott uns gegeben hat: dass Christus starb und wieder auferstand von den Toten.«* (Thomas Arnold, zitiert von Wilbur Smith, »Therefore Stand«, S. 425. Grand Rapids: Baker Book House, 1945)

Jesus zeigte sich nach seiner Auferstehung 40 Tage hindurch vielen Menschen, mit denen er sprach, aß und trank und von denen er sich berühren ließ. Wie Paulus den Korinthern schrieb, erschien er einmal 500 Men-

schen gleichzeitig. Paulus konnte in seinem Brief darauf verweisen, dass die meisten dieser 500 Augenzeugen zu seiner Zeit noch lebten. Die Apostel selbst waren zunächst schwer von Jesu Auferstehung zu überzeugen. Ein Beispiel dafür ist Thomas, der erst dann glauben konnte, als er Jesu Wundmale gesehen hatte. Jesus ist tatsächlich auferstanden und hat den Tod überwunden. Durch ihn können auch wir nach unserem Tod ewiges Leben haben.

Wenn die Auferstehung eine Tatsache ist, dann erweist sich die Lebensberechnung von vielen Menschen als Fehlkalkulation. Als Paulus vor König Agrippa auf die Zeugnisse der Auferstehung verwies, erklärte ihn Festus, der ebenfalls anwesende römische Landpfleger, für verrückt. Es hätte genug Beweise für die Auferstehung gegeben, die Festus hätte nachprüfen können. Erklärte Festus Paulus für verrückt, weil er es sich nicht leisten konnte zuzugeben, dass es eine Auferstehung gibt? Jesu Auferstehung bringt für Gläubige die völlig neue Dimension der Sicherheit in die Todesfrage. Jesus hat den Tod nachweislich überwunden. Der Tod ist nicht das Ende, sondern der Anfang von etwas Neuem. Jesus bietet uns das ewige Leben an:

Da sagte Jesus: »Ich bin die Auferstehung und das Leben. Wer an mich glaubt, wird leben, auch wenn er stirbt.« (Johannes 11,25)

Die Auferstehung ist nicht nur ein Ereignis, die Auferstehung ist eine Person: Jesus Christus. Er ist die Auferstehung, er hat den Tod selbst durchschritten und bietet ewiges Leben an. Er versichert, dass wir, wenn wir ihm glauben, ewiges Leben haben werden. Somit ist es möglich, Sicherheit über den Tod hinaus zu erhalten. Die Gewissheit, ewiges Leben zu haben, von den

Toten aufzuerstehen und mit Jesus nach dem Verlassen dieser Welt zusammen zu sein, schafft eine neue feste Basis im Leben. Der Tod kann nicht mehr alles zerstören. Deshalb ist das Leben eines Menschen, der durch Gottes Geist neugeboren wurde, von Sicherheit getragen. Mit der Gewissheit des ewigen Lebens kommt nicht nur eine tiefe innere Freude ins Herz, sondern man erhält eine neue Grundlage, auf der das Leben gestaltet werden kann. Man erhält eine Grundsicherheit, mit der das Leben geführt werden kann.

Neben dieser Gewissheit hat der gläubige Mensch die Hoffnung auf den Himmel. Die Bibel schreibt Folgendes über den Himmel: Der Himmel ist der Ort, an dem allezeit Gottes Wille ausgeführt wird. Somit steht der Himmel im Gegensatz zur Erde, wo Gottes Wille immer wieder übergangen wird. Darüber hinaus ist der Himmel ein Ort des Lichts (1. Timotheus 6,16). Das »Licht«, in der Bibel untrennbar mit dem Leben verbunden und mit dem Reinen und Guten gleichgesetzt, ist der Gegensatz zum Bösen und zur Finsternis. Weiter ist der Himmel ein Ort der Gemeinschaft und der Freude. Wie Lukas berichtet, herrscht im Himmel große Freude über einen Sünder, der Buße tut (umkehrt) (Lukas 15,7). An manchen Stellen wird der Himmel als Paradies bezeichnet, als der Garten Gottes, ein Ort der Erholung, an dem man geborgen und in Gottes Gegenwart ist. Jesus spricht im Zusammenhang mit dem Himmel von den Wohnungen, die er dort für die Seinen bereiten wird:

> »Lasst euch nicht in Verwirrung bringen. Glaubt an Gott und glaubt auch an mich! Im Haus meines Vaters gibt es viele Wohnungen. Wenn es nicht so wäre, hätte ich dann etwa gesagt: ›Ich gehe jetzt hin, um den Platz für euch vorzubereiten‹? Und wenn ich

hingegangen bin und euch den Platz vorbereitet habe,
werde ich wiederkommen und euch zu mir holen, da-
mit auch ihr da seid, wo ich bin.   *(Johannes 14,1-3)*

Diese Stätte ist eine ewige Heimat, ein bleibendes
Zuhause, wo Gott bei den Menschen wohnt.

Jede Träne wird Gott ihnen abwischen. Es wird kei-
nen Tod mehr geben und auch keine Traurigkeit, kei-
ne Klage, keinen Schmerz. Was früher war, ist für im-
mer vorbei.   *(Offenbarung 21,4)*

Das Paradies ist ein Ort, an dem es keinen Abschied,
keinen Trennungsschmerz, keine Krankheit und kein
Leid mehr gibt. Der Tod ist überwunden, und die Zukunft ist nur noch das Leben. Die Bibel beschreibt den
Himmel auch als einen Ort voller Musik, an dem eine
unfassbar feierliche Stimmung herrscht. Ein Vergleich,
den Jesus des Öfteren heranzog, ist der eines Festmahls
oder einer königlichen Hochzeit. Wie ein König ein
Hochzeitsfest für seinen Sohn bereitet, so bereitet Gott
ein Fest für die Menschen, die zu ihm umkehren. Einmal sagte Jesus seinen Jüngern, dass Menschen aus allen vier Himmelsrichtungen zu diesem Festmahl her-
beiströmen werden. Menschen aus allen Epochen werden mit ihm zu Tisch sitzen. Was muss das für ein Fest
sein, wo Urahnen ihren Nachkommen begegnen und
ein Wiedersehen von Menschen möglich ist, die durch
den Tod getrennt wurden! Im Zentrum dieses gigan-
tischen Festes steht Jesus, der das verbindende Glied
aller Gäste ist. Jesus fügte der Beschreibung der Herrlichkeit des Himmels allerdings eine unmissverständ-
liche Botschaft an: Es besteht die Gefahr, nicht an dieser Herrlichkeit teilzuhaben.

»Die Tür ist eng. Setzt alles dran, hineinzukommen! Denn ich sage euch: Viele werden es versuchen, aber es wird ihnen nicht gelingen. Wenn der Hausherr aufgestanden ist und die Haustür abgeschlossen hat, werdet ihr draußen stehen, klopfen und bitten: ›Herr, mach uns auf!‹ Doch er wird euch antworten: ›Ich kenne euch nicht und weiß auch nicht, wo ihr her seid!‹ Dann werdet ihr sagen: ›Aber wir haben doch mit dir gegessen und getrunken, und auf unseren Straßen hast du gelehrt.‹

Doch er wird antworten: ›Ich kenne euch nicht und weiß auch nicht, wo ihr her seid! Macht euch fort, ihr Schufte!‹ Wenn ihr dann sehen werdet, dass Abraham, Isaak und Jakob zusammen mit allen Propheten im Reich Gottes sind, ihr selbst aber draußen, dann wird das große Weinen und Zähneknirschen anfangen.«   *(Lukas 13,24-28)*

Jesus sagte, dass es Menschen geben wird, die vom Himmel ausgeschlossen sein werden. Wie kommt es dazu? Jesus erklärt es damit, dass er diese Menschen nicht kennt. Sie haben ihn zu Lebzeiten nicht angenommen. Dieses Annehmen bezeichnet er aber als zwingende Notwendigkeit.

Doch allen, die ihn aufnahmen und an seinen Namen glaubten, gab er das Recht, Kinder Gottes zu werden. (Johannes 1,12)

Die Schrift sagt, genauso deutlich, dass alle, die das nicht glauben, das ewige Leben nicht besitzen.

Wer mit dem Sohn verbunden ist, hat das Leben. Wer nicht mit dem Sohn Gottes verbunden ist, hat das Leben nicht.   *(1. Johannes 5,12)*

Zu dem Zeitpunkt, wo der Einlass ins Paradies bestimmt wird, stellt sich Jesus nicht zu allen. So großartig die Hoffnung des Himmels ist, so eindringlich ist auch die Aufforderung Jesu, dass wir zu Lebzeiten danach ringen sollten, den Eingang nicht zu verpassen. Wie das geschehen kann, hat Gott klar in die Welt gesprochen:

Gott hat uns ewiges Leben geschenkt, denn dieses Leben bekommen wir durch seinen Sohn. Wer mit dem Sohn verbunden ist, hat das Leben. Wer nicht mit dem Sohn Gottes verbunden ist, hat das Leben nicht. Ich habe euch das alles geschrieben, damit ihr wisst, dass ihr das ewige Leben habt, denn ihr glaubt ja an den Sohn Gottes. (1. Johannes 5,11-13)

Leid, das Leben ist nicht fair

Neben der Hoffnung der Auferstehung und des Himmels hat ein Gläubiger auch Hoffnung im Leid. Das Leben bringt viel Leid mit sich und ist oft unfair. Materielle Güter, Gesundheit, Schönheit und Begabung sind ungerecht verteilt. Nicht jeder steht auf der Sonnenseite des Lebens. Das machen psychische und physische Krankheiten, tragische Todesfälle, Behinderungen, Unverstandensein und Armut unmissverständlich klar. Es gibt viele Leiden, die das Leben erschüttern. Für all das hat der Gläubige nicht immer eine Antwort, dafür aber Hoffnung und Trost. Ein Mensch, der leidet, kann auf Jesus schauen. Jesus selbst hat viel gelitten und versteht uns in unserem Schmerz. Er kennt Einsamkeit und Enttäuschung. Er weiß, wie man sich fühlt, wenn einem Freunde in den Rücken fallen. Er weiß, wie es ist, wenn man in seiner Heimat unerwünscht ist, wenn einen die engsten Verwandten für verrückt erklären. Er wurde verspottet, verlacht, angespuckt und hat erlebt, dass Menschen kein Mitleid empfinden. Er kennt Folter und Schmerzen und weiß, wie es ist, die Nacht vor der Hinrichtung zu durchleben. Jesus weiß auch, wie man sich fühlt, wenn man als schwacher Mensch in der Not zum allmächtigen Gott betet und erlebt, dass Leiden nicht weggenommen werden. Die letzte Nacht Jesu vor seinem Tod malt uns deutlich vor Augen, welche Ängste Jesus ausstand.

> »Er selbst ging noch ein paar Schritte weiter, warf sich auf die Erde und bat Gott, ihm diese Leidensstunde zu ersparen, wenn es möglich wäre. »Abba,

Vater«, sagte er, »dir ist alles möglich. Lass diesen Leidenskelch an mir vorübergehen! Aber nicht, wie ich will, sondern wie du willst.« (Markus 14,35-36)

Der Sohn Gottes wusste, dass Gott sein Schicksal von ihm hätte abwenden können. In seiner Angst und seiner Verzweiflung bittet er Gott: »Vater, du bist doch allmächtig, es muss doch einen anderen Weg für mich geben!« Dies ist der Ausruf derer, die in Not sind. Der allmächtige Gott kann doch alles verhindern. Warum greift er nicht ein? Dies ist eine qualvolle Frage. Sieht man auf den angsterfüllten Jesus, so erkennt man aber auch, dass er sich Gott beugte. »Nicht mein Wille geschehe, sondern was du willst, soll eintreffen!« Diese Haltung drückt aus, dass Gott den Überblick hat und dass, wenn er entscheidet, ein Leid nicht wegzunehmen, dies die beste Entscheidung in dieser Situation ist. Durch Jesu Tod erhielten viele Menschen das Leben. Gott sah für seinen geliebten Sohn keinen anderen Weg als den des Leidens. Ein gläubiger Mensch, der im Leiden auf Jesus blickt, kann das Leiden auch aus Gottes Hand annehmen und Ruhe darin finden. Nach dem Leiden wird wie bei Jesus der Morgen der Auferstehung kommen. Menschen, die im Glauben an Jesus gebunden sind, erfahren oft übernatürliche Hilfe im Leid. Sie werden von Gott durchgetragen. Leiden sind somit für Gläubige nicht nur negativ, da sie die Kraft erhalten, solche Situationen zu ertragen. Gerade in diesen Zeiten wächst die Gottesbeziehung sehr stark. Wer leidet und an Jesus glaubt, findet im Evangelium ein wunderbares Versprechen.

»Deshalb verlieren wir nicht den Mut. Denn wenn wir auch äußerlich aufgerieben werden, so werden wir doch innerlich jeden Tag erneuert.

Denn die kleine Last unserer gegenwärtigen Not schafft uns ein überaus großes ewiges Gewicht an Herrlichkeit – uns, die nicht auf das Sichtbare starren, sondern nach dem Unsichtbaren Ausschau halten.

Denn alles, was wir jetzt sehen, vergeht nach kurzer Zeit. Das Unsichtbare aber hat ewig Bestand.«

(2. Korinther 4,16-18)

Wer glaubt, erfährt Leiden als eine Möglichkeit des inneren Wachstums. Schon hier auf Erden feilt Leid an unseren Charaktereigenschaften, bricht Stolz, macht uns mutiger, geduldiger oder auch dankbarer für die kleinen Dinge.

Die Bibel beantwortet nicht jede Frage, die wir uns in Bezug auf das Leid stellen, aber Gottes Wort gibt eine gewaltige Hoffnung inmitten des Leidens: die Hoffnung, dass das Leiden für den, der glaubt, nicht sinnlos ist, sondern dass Gott es in Segen verwandelt.

Wir wissen aber, dass denen, die Gott lieben, alles zum Besten mitwirkt, denen, die nach dem Vorsatz berufen sind. *(Römer 8,28)*

Übrigens meine ich, dass die Leiden der jetzigen Zeit im Vergleich zu der Herrlichkeit, die an uns sichtbar werden wird, überhaupt nicht ins Gewicht fallen.

(Römer 8,18)

Gläubige wissen nicht alles, aber sie wissen, dass denen, die Gott lieben, alles zum Besten mitwirkt.

Daher bringt das Leben mit Gott nicht nur eine Veränderung unseres Charakters, sondern auch Hoffnung, Halt, Trost und Sinn in Leben, Leiden und Ster-

ben. Gott selbst trägt und leitet uns durch all diese Phasen hindurch und empfängt uns nach unserer Lebensreise in seiner großen Herrlichkeit mit seiner ewigen Liebe.

Fragen zur Diskussion

Kapitel 1

✦ Was braucht Ihrer Meinung nach ein Mensch, um Erfüllung im Leben zu erfahren?

✦ Wie wichtig ist Ihrer Meinung nach die Frage nach dem Sinn des Lebens?

✦ Welche Folgen kann es haben, wenn ein Mensch im Leben keinen letzten Sinn erkennt?

✦ Was spricht Sie an, wenn Sie die Geschichte vom verlorenen Sohn lesen? (Lukas 15,11-24)

✦ Was ist Ihrer Meinung nach die Hauptaussage, die Jesus mit dieser Geschichte machen wollte?

✦ Was hindert Menschen daran, Gott einen Platz in ihrem Leben zu geben?

Kapitel 2

✦ Wonach richten Menschen ihr Leben aus?

✦ Auf welcher Grundlage treffen Menschen die wichtigen Entscheidungen ihres Lebens?

✦ Gibt es für Sie eine Art Gebrauchsanweisung fürs Leben?

Bitte lesen Sie das Gleichnis von dem Haus, das auf dem Felsen gebaut wurde, in Matthäus 7,24-27.

✦ Was ist Ihrer Meinung nach die wesentliche Aussage, die Jesus mit diesem Gleichnis machen wollte?

✦ Inwieweit kann für uns Menschen des 21. Jahrhunderts die Bibel eine Grundlage und Richtschnur sein?

Kapitel 3

✦ Welche Fragen beschäftigen Sie besonders, wenn Sie über Gott nachdenken?

✦ Wie wirkt es sich im Leben aus, wenn man keine klare Vorstellung von Gott hat?

✦ Wer oder was prägt Ihr Gottesbild?

Zum Nachdenken über das Wunder von Kana (siehe Johannes 2,1-11):

✦ Welche Fragen werden sich die Menschen wohl gestellt haben, die damals in Kana den Wein tranken, den Jesus aus Wasser gemacht hatte? (Mit ca. 700 Litern war ja ausreichend Kostprobe vorhanden.)

✦ Was wollte Ihrer Meinung nach Jesus mit diesem Wunderzeichen zeigen?
(Das Wunder der Verwandlung von Wasser in Wein wird vom Evangelisten Johannes als ein Zeichen beschrieben. Ein Zeichen deutet auf etwas hin.)

✦ Welches ist Ihrer Meinung nach das stärkste Argument für den Glauben an Jesus Christus?

Kapitel 4

✦ Welche verschiedenen Meinungen gibt es über das, was nach dem Tod kommt?

✦ Wie wichtig ist es Ihrer Meinung nach, sich mit der Frage, was nach dem Tod kommt, auseinanderzusetzen?

✦ Wie stellen Sie sich den Himmel vor?
Der Himmel im Neuen Testament
Lesen Sie bitte folgende Bibelstellen und versuchen Sie anhand dieser Aussagen den Himmel zu beschreiben. Johannes 14,1-3; Offenbarung 21,3-6; Lukas 13,28-30; Lukas 16,9

✦ Was wollte Jesus Ihrer Meinung nach durch das Gleichnis, das in Lukas 14,16-24 wiedergegeben ist, ausdrücken?

Kapitel 5

✦ Was sind Ihrer Meinung nach die größten Probleme unserer Zeit?

✦ Was sind die Ursachen für diese Probleme?

✦ Welche Auswege aus diesen Problemen sehen Sie?

Fragen zu 2. Mose 20,3-17
Bitte lesen Sie diesen Bibelabschnitt sorgfältig
durch.

♠ Wie lauten die 10 Gebote?

♠ Welche Bedeutung haben die 10 Gebote, die Gott
dem Volk Israel gab, für uns heute?

♠ Welche Folgen hat es, wenn ein Mensch eines
dieser Gebote bricht?

♠ Was können wir tun, um ein reines Gewissen zu
bekommen, nachdem wir schuldig geworden sind?

Kapitel 6

♠ Wie denken Sie über Jesus? Wer ist Jesus Christus
für Sie?

Lesen Sie bitte Johannes 1,1-18
Fragen zum Bibeltext

♠ Was lernen wir in diesem kurzen Abschnitt über
Christus?

♠ Was bedeutet der Ausdruck »Kind Gottes«?

♠ Wie wird ein Mensch ein Kind Gottes?

♠ Wodurch wird man nicht zu einem Kind Gottes?

♠ Was bedeutet es, Christus aufzunehmen?

Kapitel 7

✝ Was verbinden Sie mit dem Symbol des Kreuzes? Welche Bedeutung hat das Kreuz für Sie?

Bitte lesen Sie Lukas 23,32-43 sorgfältig durch. Fragen zum Bibeltext

✝ Wie reagierte Jesus in den Qualen der Kreuzigung?

✝ Was wird über den Charakter Jesu in dieser Situation deutlich?

✝ Wie verhielten sich die Menschen, die der Kreuzigung beiwohnten?

✝ Warum hatte niemand Mitleid mit Jesus?

✝ Welcher Sinneswandel hat sich bei einem der Verbrecher vollzogen, während er dort am Kreuz hing?

✝ Wieso konnte Jesus einem solchen Menschen, der ein sehr schlechtes Leben geführt hatte, am Ende den sofortigen Eingang in das Paradies verheißen?

✝ Welche Schlüsse können wir aus dieser Begebenheit für uns ziehen?

Kapitel 8

✝ Was unternehmen Menschen, um vor anderen Menschen einen guten Eindruck zu machen?

✝ Welche Dinge tun Menschen, um vor Gott gut dazustehen?

✦ Wie viele und welche guten Taten müsste ein Mensch Ihrer Meinung nach vollbringen, damit er von Gott als gerecht angesehen würde?

Bitte lesen Sie Lukas 15,1-7 sorgfältig durch.

✦ Was wollte Jesus durch dieses Gleichnis vom verlorenen Schaf verdeutlichen?

✦ Inwieweit verdeutlicht dieses Gleichnis die Prinzipien, die in dieser Lektion beschrieben wurden?

Kapitel 9

✦ In welchen Situationen des Lebens wenden wir Glauben an?

✦ Wie würden Sie beschreiben, was es bedeutet, im christlichen Sinn zu glauben?

✦ Welche Dinge hindern uns Ihrer Meinung nach daran, uns Jesus ganz anzuvertrauen?

Bitte lesen Sie folgende Bibelstellen im Johannesevangelium aufmerksam durch: Johannes 3,16; Johannes 3,36; Johannes 5,24; Johannes 20,30-31

✦ Was ist nach diesen Bibelstellen die Auswirkung, wenn ein Mensch an Jesus glaubt?

✦ Was hilft uns dabei, uns Jesus völlig anzuvertrauen?

Kapitel 10

✦ Worauf setzen Menschen ihre Hoffnung im Leben?

✦ Wie wird die Lebensperspektive durch den Glauben an Jesus Christus verändert?

Fragen zu Johannes 10,27-30
Bitte lesen Sie den Bibelabschnitt sorgfältig durch.

✦ Was verspricht Jesus »seinen Schafen«?

✦ Was kennzeichnet »seine Schafe«?

Da Schafe hier ein bildhafter Begriff für bestimmte Menschen sind, sollten wir uns fragen:

✦ Was sind das für Menschen, die Christus hier als »seine Schafe« bezeichnet?

✦ Welche Lebensperspektive haben diese Menschen?

Josh McDowell
Die Bibel im Test

clv

Taschenbuch

493 Seiten
ISBN 978-3-89397-490-0

Tatsachen und Argumente für die Wahrheit der Bibel

Der Klassiker, wenn es um die Glaubwürdigkeit der Bibel geht! Das Buch sollte jeder haben, der sich immer mal wieder mit der Bibel auseinandersetzt.

Der Aufbau ähnelt einer wissenschaftlichen Arbeit, der Inhalt besteht aus wissenschaftlich-kritischen Abhandlungen über die Verlässlichkeit der Bibel. Eine Fundgrube an Ermutigungen und Denkanstößen. – Besonders reizvoll ist natürlich die Tatsache, dass dieses Buch von einem Menschen geschrieben wurde, der auf wissenschaftlichem Weg beweisen wollte, dass man dem Inhalt der Bibel nicht trauen kann – und im Zuge seiner Arbeit vom Gegenteil überzeugt wurde.

Wolfgang Bühne
Wenn Gott wirklich wäre ...

128 Seiten
ISBN 978-3-89397-755-0

Ein evangelistisches Buch mit vielen Bei-
spielen, Zitaten und aktuellen Bezügen
aus dem Lebensalltag. Der Autor macht
deutlich, dass die Tatsache der Existenz
Gottes vernünftige und einleuchtende
Antworten auf die tiefsten Fragen unseres
Lebens gibt. Denn wenn Gott wirklich wäre, »... dann hat Sünde nicht nur etwas
mit Flensburg zu tun«, »... dann ist das
Kreuz mehr als ein Modeschmuck«,
»... dann ist Gnade kein Ausverkaufs-
artikel der Kirche«. So heißen einige der
Kapitel, in denen die zentralen Themen
des Evangeliums leicht verständlich
und in zeitgemäßer Sprache dargestellt
werden.

Zur Weitergabe an junge und erwachsene
Außenstehende jeder Bildungsschicht
gut geeignet.

Taschenbuch

clv **Wenn Gott frei macht ...**

Taschenbuch

128 Seiten
ISBN 978-3-89397-425-2

Sechs Leute erzählen von den erstaunlichen Auswirkungen ihrer Begegnung mit Jesus.

Eckhard, Unternehmer, wollte sein Leben durch Para-Wissenschaften und New-Age-Philosophien in den Griff bekommen.

Annemarie, Hausfrau, hatte nicht vorgehabt, sechs Männern den Haushalt zu führen, und fand, dass sie später einiges nachzuholen habe.

Esther, Physiotherapeutin, zweifelte, ob Gott es gut mit ihr meinen konnte, obwohl er viel Leid zuließ.

Karl, Kraftfahrer, kletterte die Karriereleiter ziemlich weit hinunter, bis Gott eingriff.

Eva, nicht berufstätig, wird täglich auf Händen getragen. Aber ...

Hias, Lehrer, suchte die Freiheit auf den Bergen, doch seit er Jesus begegnet ist, definiert er Freiheit neu.